税理士も知っておきたい

実例から学ぶ
同族会社法務トラブル解決集

日本大学教授・弁護士
松嶋隆弘［著］

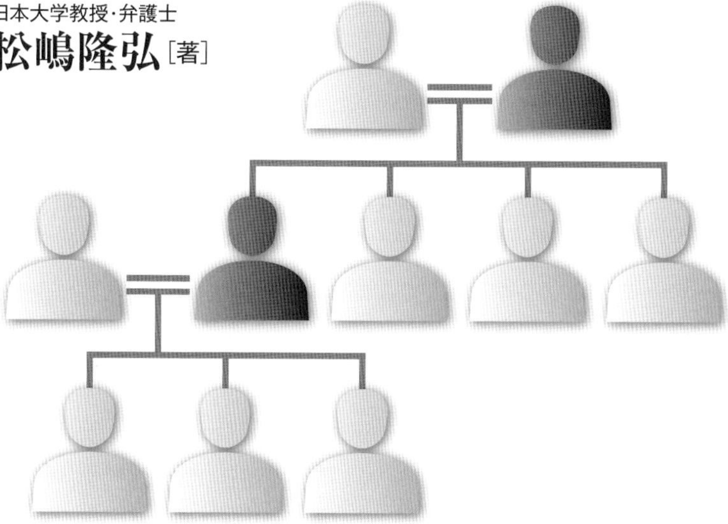

ぎょうせい

はしがき

本書は、主として、中小会社、すなわち同族会社に関する代表的な紛争事例を素材として、法的に検討し、実務家の参考に供しようとするものである。会社法に関しては、もっぱら大規模公開会社を念頭に、改正が議論され、中小会社はなおざりにされている感がある。制定法としての会社法については、これまで多くの体系書、実務書が公刊されているが、会社判例について重点的に取り上げるものは、学生向けの演習書を除くと、あまりないようである。とりわけ、中小会社にフォーカスを当てたものは、少ない。

しかし、わが国の大多数の会社は、これらの中小会社である。そこで、温故知新というわけではないが、奇をてらわず、代表的な裁判例を素材として、現在においても問題とされる中小会社紛争につき、ケース・スタディを試みたいと考えた。すなわち、本書では、多忙な実務家のため、実務を動かしている会社判例の現状を、できるかぎり口当たりよく解説しようとしている。そのため、ケースを可能な限り簡略化し、学説への言及を必要最小限のものを除き省略している。これは、もっぱら「当該判決それ自体が語る声」に耳を傾けようとしたためである。なお、ケースについては、その後の改正、物価の上昇等により、元のままでは意味をなさなかったり、リアリティに欠けたりする場合には、適宜改変しているので、あらかじめ了解されたい。

ここで本書の成り立ちにつき述べておきたい。本書は、月刊「税理」（ぎょうせい）に「中小企業法講話」と題し、61巻8号（平成30年）から63巻15号（令和2年）まで連載されたものを一書にまとめたものである（連載自体は、現在も続いている）。アトランダムに、気になった判例を毎回取り上げコメントし続けてきたが、ある程度の分量になったので、月刊「税理」編集局からのすすめもあり、この機会に一書にまとめることになった。整理してみると、結果として、比較的バランスよく会社法上の諸問題を取り上げることができたのではないかと考えている。

筆者としては、本書が、中小会社の実務に携わる実務家にとって、少しでも役立つものであることを願っている。最後に、本書が成るには、月刊「税理」編集局の献身的な尽力に負うところが大きいことを述べておきたい。心より感謝申し上げる。

令和３年４月

松嶋　隆弘

目　次

第１章　揺らぐ経営権

～いわゆる「お家騒動」「相続クーデター」の実例

第２章　手続の不徹底が禍根を残す！

～株主総会等の不存在・招集通知漏れ等の実例

第3章　会社の設立・組織再編はトラブルのデパート！

～発起人の権限・再編時の債権者保護等の実例

第4章　商号は誰のもの？

～商号続用規制・名板貸責任等の実例

第5章　会社法務上の悩ましい問題あれこれ

※本文中の主にかっこ内の引用条文は次の例によった。
例）会社法828条1項2号 → 会社法828①二

第 1 章
揺らぐ経営権

～いわゆる「お家騒動」「相続クーデター」の実例

1

差止仮処分違反の新株発行の効力

会社経営をめぐる対立から支配権争奪の紛争へ

Case

1．Yは，昭和33年に設立されたタクシー事業及び貸切バス事業等を営む株式会社であり，昭和59年８月当時の資本の額は3,500万円，会社が発行する株式の総数は10万株，発行済株式の総数は７万株（１株の額面金額は500円）であった。Yは，同年８月開催の取締役会において，発行株式の種類及び数を記名式普通額面株式１万株，発行価額を１株につき3,907円，申込期日を同年９月13日，払込期日を同月14日，募集の方法を第三者割当，割当てを受ける者をZとする新株発行を決議した。

2．Yの株主であるX_1は，本件新株発行に対して，京都地方裁判所に商法280条ノ10（現会社法210）に基づく新株発行差止請求訴訟を本案とする新株発行差止めの仮処分の申立てをし，昭和59年９月12日，仮処分命令（本件仮処分命令）を得た。

また，X_1は，X_2ら他の株主とともに，同月20日，新株発行差止請求の訴えを提起した。その理由とするところは，本件新株発行は，現在の取締役会の方針に反対する株主の持株比率を減少させ，Ｙ会社の支配確立を目的としたもので，商法280条ノ２第２項（現会社法199②，309②五）に違反し，かつ，著しく不公正な方法によるものであって，株主であるＸらが不利益を受けるおそれがあるというものであった。

３．Ｙは，昭和59年９月13日，本件仮処分命令に対して異議を申し立てた一方，本件新株発行はそのまま実施することにし，Ｚから払込期日に新株払込金の支払を受け，新株を発行した。

４．本件新株発行に対する差止請求訴訟は，昭和59年10月12日に第一審の第１回口頭弁論期日が開かれて以来審理が続けられたところ，Ｙは，昭和60年10月31日の第一審第８回口頭弁論期日において，はじめて，本件新株発行は既に実施されているから新株発行差止請求は訴えの利益がなくなったとの主張を行った。

５．Ｘらは，これに対し，昭和60年12月２日に第一審に提出した同日付け準備書面で，本件仮処分命令に違反する新株発行は効力を生じないと主張した上，仮に効力を有するとすれば，予備的に，前記新株発行差止請求の訴えを新株発行無効の訴えに変更する旨の申立てをした。この新株発行無効の訴えで主張する無効事由は，仮処分命令違反が付加された以外は，それまで差止事由として主張してきたものと同一であった。

１．はじめに

⑴株式会社は，資金調達のために，新たに新株を発行することができる。会社法は，新たに株式を発行することを，すでに手元にある自己株式を渡すことと大差ないとして，「募集株式の発行等」とひとまとめにして統一的に規制を施している（会社法199以下）。

新株の発行は，①資本が増加するという側面（組織法的行為：増資）と②業務執行のための資金調達という側面（準業務執行行為）とを併有するところ，資金調達の機動性を重視し，取締役会限りでの新株発行を許容する会社法の制度設計（会社法200①，201①）は，基本的に，②の側面を重視したものである。①の側面は，有利発行の場合（会社法199②③，309②五）や支配権の異動を生じる新株発行の場合（会社法206の２④）に株主総会決議（前者の場合は特別決議，後者の場合は普通決議）を必要とし，新株発行を株主の意思に係らせる規制の他，新株発行に反対する株主に，事前に新株発行差止請求権（会社法210），事後に新株発行無効の訴え（会社法828①二），新株発行不存在の訴え（会社法829）を許容する規制となって現れる。

⑵さて，上場をしておらず，資金調達はもっぱら銀行融資等の間

接金融に頼る中小株式会社の場合，新株発行は，資金調達のための手段としてではなく，会社経営をめぐる対立が，支配権争奪の紛争となり，そのための手段として用いられることとなり，もっぱら①の側面がフォーカスされることになる。本Caseの元となった最判平成５年12月16日民集47巻10号5423頁は，まさにそのような事例である。記録からは，対立の背景は定かではないが，裁判所から新株発行の差止仮処分命令が下されているにもかかわらず，あえてそれに反し，新株発行が敢行されているところからみて，Ｙの経営陣とＸらとの対立の根は深く，その間の溝は埋めがたいといわざるをえない。

2．差止仮処分命令違反の新株発行の効力

⑴問題の所在と学説

会社法は，新株発行無効の訴えに関し，訴えによるべきこと及び出訴期間（会社法828①二），原告となるべき者（同条②二），被告となるべき者（会社法834二），管轄（会社法835①），弁論の必要的併合（会社法837），判決の対世効力（会社法838），判決の非遡及効（会社法840）等といった手続的な規制を置くものの，肝心の無効事由（何が新株発行の無効原因となるか）につき何も語らず，解釈に委ねている。

学説は様々に分かれるが，大別すると，既存株主の保護を重視する無効説と，取引の安全を重視する有効説とに整理できる。これは，前述した新株発行の制度設計に関する①②の各側面のいずれを重視するかにかかわる対立であるといってよい。

⑵裁判所の判断

この問題に関し，前掲最判平成５年12月16日が判示するところは，次のとおりである（現行法の条文は，筆者が付加したもの）。

「商法280条ノ10（現会社法210）に基づく新株発行差止請求訴訟を本案とする新株発行差止めの仮処分命令があるにもかかわらず，あえて右仮処分命令に違反して新株発行がされた場合には，右仮処分命令違反は，同法280条ノ15（現会社法828①二）に規定する新株発行無効の訴えの無効原因となるものと解するのが相当である。けだし，同法280条ノ10（現会社法210）に規定する新株発行差止請求の制度は，会社が法令若しくは定款に違反し，又は著しく不公正な方法によって新株を発行することにより従来の株主が不利益を受けるおそれがある場合に，右新株の発行を差し止めることによって，株主の利益の保護を図る趣旨で設けられたものであり，同法280条ノ３ノ２（現会社法201③④）は，新株発行差止請求の制度の実効性を担保するため，払込期日の２週間前に新株の発行に関する事項を公告し，又は株主に通知することを会社に義務付け，もって株主に新株発行差止めの仮処分命令を得る機会を与えていると解されるのであるから，この仮処分命令に違反したことが新株発行の効力に影響がないとすれば，差止請求権を株主の権利として特に認め，しかも仮処分命令を得る機会を株主に与えることによって差止請求権の実効性を担保しようとした法の趣旨が没却されてしまうことになるからである。」

3．本Caseの検討

以上のとおり，最高裁は，無効説を採用することを明言したが，学説でいうところの無効説とは必ずしも同一の立場ではないようである。そこで本Caseに即し，裁判所の意図するところを考えてみたい。

判示からは，裁判所が，「差止請求権の実効性」を強く強調していることが分かる。このことを意識して，本Caseを見てみると，本Caseにおいて，Ｙは，裁判所の仮処分命令に反して新株発行を敢行したのみならず，そのことを，約１年後の第一審第８回口頭弁論期日まで隠している。つまり遡る７回の期日において，Ｙは，（新株が発行されているにもかかわらず）「新株が発行されていない」ことを前提とした主張・立証を行っているのである。しかも審理の最終局面にあたって，「実は発行しておりました」と「ちゃぶ台返し」をしている。

このように，差止制度を無視するＹの不誠実な訴訟遂行態度が，裁判所の心証に悪影響を与えていることが分かる。結論としては，前掲最判平成５年12月16日における無効説は，一種の裁判所侮辱的な発想を背景にしているものと理解できよう。

2

いわゆる一人会社の株主がした株式譲渡

事業継承対策の失敗例？

Case

1. Y社は，電子機器の製造販売・輸出入等を事業目的とした資本金1,000万円の株式会社（非公開会社）である。

Y社は，故Aにより設立された会社であり，その経緯は，次のとおりである。

2. Aは，もともとワイシャツの縫製業をしていたところ，甥であるX_1の進言を容れ，昭和55年８月，資本金1,000万円を拠出して電子機器の製造販売等を目的としたY社を設立し，自ら代表取締役に就任するとともに，息子であるBを取締役に就任させて，Bを専ら電子機器関係の技術者として育成しようとした。

X_1は，当時，C社に勤務していたが，主に土曜，日曜にY社事務所に出勤し，Y社業務を処理するとともに，Bの指導に当たった。また，X_1と同様に電子機器の技術を有するX_2も，X_1の依頼を受け，X_1と同様に時折土曜，日曜にＹ社の事務所に出勤してＹ社の業務の手伝いをしていた。

３．Ｙ社の全株式を有していたＡは，その当時，ＢにＹ社の経営の全般を任せることができる状況ではなかったため，X_1にＹ社の将来の経営を委ねる旨の考えをX_1に対し表明していた。

　かような折，昭和58年８月にＡが死亡し，Ｙ社の全株式はＡの子であるＢが相続により取得することになった。そしてＢは，その後，Ｙ社の代表取締役に就任し，その旨の登記を了した。

４．X_1は，Ｂに対し，①前記のＡの生前の意思の趣旨，及び②X_1及びX_2がＹ社の主たる業務を担っていることを理由として，「Ｙ社を一緒にやっていくならば，Ｙ社の経営権及び株式をX_1らに譲渡すべきであること，それがいやであれば，X_1はその発明に係る権利を有したまま独立して別会社をつくる用意があること」を告げ，Ｂの判断を促した。

５．これを受け，昭和59年11月ごろ，Ｂは，X_1らと一緒にＹ社を経営していくこととし，X_1の前記の申出を容れてＹ社の発行済株式２万株のうち，１万2,000株をX_1に，3,000株をX_2にそれぞれ無償で譲渡することに同意した。そこで，X_1は，それまで勤務していたＣ社を退職し，Ｙ社の運営に精力を注ぐこととした。

６．そして，昭和60年８月，Ｙ社では定時株主総会（甲総会）を開催し，Ｂ，X_1及びX_2の全株主が出席した上，取締役に

B，X_1らを，それぞれ選任した。

7．しかしながら，Ｂは，X_1及びX_2に対する株式譲渡は，強迫によるもので無効であり，Ｙ社の株主はＢのみであるとして，同年９月に定時株主総会（乙総会）を開催し，取締役にＢ，Ｄらを，それぞれ選任した（乙総会で選任された役員に，X_1及びX_2は含まれていない）。

8．これに対し，Ｘらは，乙総会が不存在であり，ＸらがＹ社の取締役の地位を有することの確認を求める訴えを提起した。

第１審（東京地判昭63．３．３金判949号17頁）は，強迫による株式譲渡の無効の主張を認めず，Ｘらの主張を認容。Ｙ社は控訴したものの，控訴棄却（原審：東京高判平元．４.26金判949号15頁）。

そこでＹ社は上告した。その理由として，株式譲渡に際し，定款所定の取締役会による承認がなされていないこと等が挙げられていた。

1．はじめに

出資者である株主の責任が，その有する株式の引受価額を限度とされる株式会社においては（株主有限責任の原則：会社法104），これにより会社倒産のリスクを転嫁される会社債権者保護のため，出資の払戻しを伴う株主の退社が認められない。その結果，株主の投下資本の回収方法は，出資持分である株式の譲渡によらざるを得ない。このため株式の自由譲渡性は，投下資本回収の方法として保障されなければならない（会社法127）。

他方，現実を見れば，わが国の大多数の株式会社は，小規模な非公開会社・同族会社であり，かような会社では，むしろ，円滑な会社経営のため，好ましくない人物の手に株式が渡ることを防ぎ，できるかぎり，閉鎖性や同族性を維持していくというニーズがある。

この理念と現実との間で，折り合いを付けるのが，現在の会社法が規定する定款による株式譲渡制限なのである。

2．定款による株式譲渡制限

会社法は，株式の自由譲渡性を宣言しつつも（会社法127），定款による譲渡制限を可能としている。譲渡制限株式の株主（譲渡人：会社法136）又は譲受人（会社法137）は，当該株式を他者に譲り渡そうとするときには，会社に対し，譲渡の承認をするよう請求することができる。会社による譲渡の承認の決定は，定款に別段の定めがない限り，株主総会（取締役会設置会社の場合には，取締役会）の決議によらなければならない（会社法139①）。

3．Caseの検討

Caseでは，譲渡がなされているにもかかわらず，肝心の会社による承認手続がなされていない。Ｙ（＝Ｂ）は，この手続の瑕疵を根拠として，株式譲渡が会社に対し効力を有しないことを主張している。これにより，乙総会の適法性，ひいては会社支配権の確保を図るのである。Ｂは，それに先立ち，株式譲渡をしているのであるから，自己がなした行為と矛盾するかかる主張を認めるべきではない。ただ，そのための理論構成をどうするかが問題である。

Caseの素材となった最高裁平成５年３月30日判決・民集47巻４号3439頁において，最高裁は，「商法204条１項ただし書（現会社法139①本文）が，株式の譲渡につき定款をもって取締役会の承認を要する旨を定めることを妨げないと規定している趣旨は，専ら会社にとって好ましくない者が株主となることを防止し，もって譲渡人以外の株主の利益を保護することにあると解される（中略）から，本件のようないわゆる一人会社の株主がその保有する株式を他に譲渡した場合には，定款所定の取締役会の承認がなくとも，その譲渡は，会社に対する関係においても有効と解するのが相当である」旨判示している。

最高裁の意図は，譲渡制限の立法趣旨を踏まえ，その保護の対象とする者（譲渡人：本件ではＢ）自身が譲渡している以上，譲渡制限の適用はなく，当該株式譲渡は，（当事者間のみならず）会社に対しても有効であるとするものである。かかる態度は，本件主張を斥けるべきとする前記の価値判断を，立法趣旨に遡った上での柔軟な解釈により実現するものとして，支持されよう。

４．事業承継の失敗例？

Caseからくみ取るべき教訓として，事業承継上の問題を指摘しておきたい。本Caseは，中継ぎ後継者であるＸらと本来的後継者（２代目）であるＢとの間の，いわば「跡目紛争」である。２代目からすれば，先代の側近は煙たく，できれば斥けたいものなのであろう。Ｂの器量不足を感じたＡは，そのためにＸらを中継ぎとして考えたのであるが，残念なことに，そのための事業承継対策をせずに，Ａは亡くなってしまった。本Caseは，生前の事業承継対策がいかに重要であるかを示す例として，もっと読まれるべき事例であると考えている。

3

重要な財産の処分

「重要」とはどのようなことをいうのか、経営権争いを背景とした問題

Case

1．Xは，ショッピングセンター等の経営を目的とする株式会社であり，Aは，その代表取締役である。Xの資本金は1億6,700万円，その有する資産の価額は合計47億8,640万円余である。Xは，「株式会社甲」の株式を12万1,000株（本件株式）保有しているところ，本件株式の帳簿価額は7,800万円であり，甲の発行済株式の7.56パーセントに相当する。Xは，甲の株主総会に出席したことがない。

「株式会社甲」は，茶の製造販売を営む株式会社で，直近2年間に，株主に対し1割配当をしている。そして「株式会社甲」は，Xの発行済み株式の17.86パーセントを有している他，Xとの間に商品の取引はない。

2．Xは，もともと京都の旧家「乙家」によって設立され支配されてきたものである。しかし，その支配をめぐり，X

の代表取締役Bら（当時）と乙家との間で内紛が生じ，平成元年９月，AがXの取締役及び代表取締役に選任・選定され（Aは，乙家の親戚に当たり，甲の代表取締役でもあった。），逆にBは，同年12月，代表取締役を解職された。

3．Aは，本件株式は，元は乙家が所有していたもので，利回りもさしてよくなかったため，むしろ処分して資金を調達した方が，当時のXの財務状況からして適当であると考え，Yに対して本件株式の買取りを依頼した。そして，Xは，平成２年１月某日，本件株式を，Yに対し，代金7,986万円で譲渡した。この譲渡につき，Xの取締役会の承認決議はなされていない。ただ，Xの取締役会において，昭和63年６月，Xの有する他の会社の株式を譲渡することを承認する旨の決議がされたことはある。

4．その後，乙家とBらとの間で和解が成立し，平成２年１月某日，Aは代表取締役を解職され，Bが再びXの代表取締役に選定された。ちなみにこの日は，本件株式譲渡の翌日である。

5．Xは，AがなしたYに対する本件株式譲渡が，取締役会決議が必要な商法260条２項１号（現会社法362条４条１項）の「重要なる財産の処分」にあたるところ，その決議を欠いており無効である等と主張して，「株式会社甲」の株主権の確認を求め，提訴した。

１．はじめに

取締役会設置会社（会社法２七）において，取締役会は，株式会社の業務執行の決定権限を有する（同法362②）。会社法は，これに加え，重要な業務執行の決定については，代表取締役以下の下部機関に委任することができないとして，重要な業務執行の決定につき，いくつかを例示列挙する（同法362④各号）。重要な業務執行については，取締役全員の協議により意思決定がなされることを，会社法は期待しているのである。本件で争点とされる「重要な財産の処分」も，その１つである（同法362④一）。ただ，「重要」とは，規範的・抽象的概念であり，本Caseでは，この点が争点とされている。

２．検　討

⑴この問題に関し，リーディング・ケースとされるのが，本Caseの素材とされた最判平成６年１月20日民集48巻１号１頁であり，「重要な財産の処分に該当するかどうかは，①当該財産の価額，②その会社の総資産に占める割合，③当該財産の保有目的，④処分行為の態様及び⑤会社における従来の取扱い等の事情を総合的に考慮して判断すべきものと解するのが相当である」旨判示する（番号は筆者が付記した。）。これだけをみると，意味は全く明らかにならないため，原審（東京高判平成４年12月15日金判943号７頁）と対比した上で，最高裁が掲げた個々の要素をみてみる必要がある。原審は，下記のとおり本件株式の譲渡は，「重要な財産の処分」に該当しないと考えていた。

「本件各株式は，Ｘの帳簿価格によると7,800万円であり，Ｘにとって価格的には相当な財産であるといえるが，他方，Ｘは，本件各株式によって甲から配当を受領していただけであって，Ｘの営業を維持発展させるためにどうしても保有しなければならない財産であるとまで認めることはできず，本件各株式を売却してもその代価を取得できることや本件各株式の帳簿価格とＸの資産額との対比などをあわせ考えると，本件株式譲渡をもって………「重要ナル財産ノ処分」ということはできない。」

これに対し，最高裁は，「本件株式の譲渡は同号にいう重要な財産の処分に当たらないとすることはできない」と判断した。ここで，原審と最高裁を対比すると，次頁の表のとおりである（番号は，判旨に付したものと対応）。

⑵さらに，最高裁は，補強として，Ｘが保有する甲の持株比率（本件株式は甲の発行済み株式の7.56パーセント），甲が保有するＸの持株比率（甲はＸの発行済み株式の17.86パーセントを保有）等からすると，本件株式の譲渡はＸと甲との関係に影響を与え，Ｘにとって相当な重要性を有する旨判示するとともに，過去の取締役会等で，株式譲渡につき取締役会に付議されたことがある前例を挙げる。前者は，③に相当し，本件株式の保有が単なる投資目的でないことを示し，後者は，⑤に相当する。

⑶「重要な財産の処分」の判断基準として，かねてより実務では，当該財産の価額が会社の総資産に占める割合につき，会社の貸借対照表上の総資産額の100分の１を目安にすべきとか，会社の総資産の0.1 ～ 0.9パーセントを目安にすべきである等との

指摘がなされてきた。しかしながら，最高裁は，必ずしも，数字のみを決定的基準とは捉えていない。原審が，どちらかというと数量的判断を重視しているのに対し，最高裁は，むしろ，前記③，④，⑤のような，非数量的要素を重視している。このあたりに，本件が，非公開の中小会社における紛争であることの影響が現れている。

<table>
<tr><th></th><th>原　審</th><th>最高裁</th></tr>
<tr><td>①当該財産の価額</td><td rowspan="2">・本件株式によって甲から配当を受領していただけ
・どうしても保有しなければならない財産であるとまで認めることはできない
・本件各株式の帳簿価格とXの資産額との対比</td><td>本件株式の帳簿価額は7,800万円</td></tr>
<tr><td>②会社の総資産に占める割合</td><td>・総資産47億8,640万円余の約1.6パーセントに相当
・本件株式はその適正時価が把握し難くその代価いかんによってはXの資産及び損益に著しい影響を与え得る</td></tr>
<tr><td>③処分行為</td><td>本件各株式を売却すれば，代価を取得可能</td><td>本件株式の譲渡はXの営業のため通常行われる取引に属さない</td></tr>
</table>

３．Caseの検討

本Caseは，乙家が支配していたＸの支配をめぐる乙家とＸ経営陣（Ｂ）の争いであるところ，その後，乙家とＢが和解したため，乙家筋のＡからすると，「２階に上がったら，梯子を外された」状態になってしまった。本件株式譲渡は，Ａからしたら，解職直前の，Ｘの主要資産である甲の切離しであり（もっとも，ＡとＹとの関係は，記録上不明であり，断言はできない），本件訴えは，そうはさせまいとするＢの対抗手段といったところか。いずれにせよ，一見数字の問題とされがちな本Caseの背後にも，こうしたドロドロした事情が存在している。

4

議案を否決する株主総会決議の取消しと訴えの利益

資本多数決で決着ならず、取締役の解任の訴えをめぐる攻防

Case

1．Yは，レストランの経営及び運営管理等を目的とする株式会社であり，非取締役会設置会社である。Yの株主総数は，Z，X_1及びX_2の３名であり，いずれも取締役であり，代表権を有している。彼らの持株数は，次のとおりである。

Z	150 株
X_1	75 株
X_2	75 株

2．Zは，自己単独で平成26年５月19日，下記のとおり，臨時株主総会を招集した（本件株主総会）。

日　時	平成 26 年 5 月 26 日午前 10 時
場　所	Y 本店
議　題	・X_1 の取締役解任について ・X_2 の取締役解任について ・その他

Ｙは，本件株主総会においてX_1及びX_2の取締役解任の件を，いずれも否決する決議をした。

3．Ｚは，これを受け，X_1及びX_2の取締役解任の訴えを提起した（本件取締役解任の訴え）。

4．これに対し，X_1及びX_2は，Ｙを被告として，本件株主総会の取消しを求める訴えを提起した（本件訴え）。Ｙは，議案を否決した決議からは，取消訴訟によって変動させるべき法律関係は生じていないから，本件訴えには訴えの利益はないと主張している。

1．はじめに

⑴取締役の解任の訴え

株式会社の取締役の選任・解任に関する権限は，株主総会が有するのが原則であるところ（会社法329①，339①），会社法は，少数派株主保護の観点から，これに加え，所定の要件を満たす株主にも，取締役の解任の「訴え」を提起することができる旨規定する（取締役の解任の訴え：会社法854）。同条が，取締役の解任の訴えの要件として掲げるのは，①取締役の職務の執行に関し不正の行為又は法令若しくは定款に違反する重大な事実があったこと及び②それにもかかわらず当該取締役を解任する旨の議案が株主総会において否決されたことの２つである。

ここで注意しておくべきは，②の要件の建付けが，第１ラウンドとして，株主総会の場で，解任決議が否決されることが，第２

ラウンドである裁判所への取締役の解任の訴えの提起の要件とされていることである。すなわち，第１ラウンドで資本多数決により負けた場合でも，裁判所における第２ラウンドで，取締役の解任を争うことが認められ，第２ラウンドで争点となるのは，資本多数決ではなく，Justiceの観点から定められた①の要件の有無なのである。

⑵本Caseの特徴

本Caseにおける Z 対X_1，X_2の対立構図は，150株対150株と同数のため，資本多数決で決着をつけることができず，膠着状態である。そのような折，Ｚは，X_1及びX_2を排除すべく，X_1及びX_2の解任を議題とする臨時株主総会を招集し，解任決議を意図的に否決させ，②の要件を具備した上，裁判所に対し，取締役の解任の訴えを提起した。これに対し，X_1及びX_2は，①の要件を争うのではなく，本件株主総会の取消しを求める訴えを提起し，前記否決決議を取り消し，②の要件の具備を消そうと争っているのである。

2．判　例

本Caseの元となった，最判平成28年３月４日民集70巻３号827頁をみてみよう。

第１審（福岡地判平成26年11月28日民集70巻３号838頁）は，「本件株主総会におけるＸらの取締役解任決議が取り消されるか否かによって，本件取締役解任の訴えは，その要件（株主総会で取締役の解任議案が否決されたこと）を具備するか否かが左右される関係にある。Ｘらは，本件取締役解任の訴えが要件を欠くにもかかわらず提起されたものであるとして，本訴を提起しているのであるから，本件において訴えの利益は認められる」旨判示した上，決議に瑕疵があるとして，本件決議を取り消した。

これに対し，控訴審である原審（福岡高判平成27年４月22日民集70巻３号843頁）及び上告審である前掲最判平成28年３月４日は，訴えの利益を欠くとする。前掲最判平成28年３月４日の判示は，下記のとおりである。

「会社法は，会社の組織に関する訴えについての諸規定を置き（同法828条以下），瑕疵のある株主総会等の決議についても，その決議の日から３箇月以内に限って訴えをもって取消しを請求できる旨規定して法律関係の早期安定を図り（同法831条），併せて，当該訴えにおける被告，認容判決の効力が及ぶ者の範囲，判決の効力等も規定している（同法834条から839条まで）。このような規定は，株主総会等の決議によって，新たな法律関係が生ずることを前提とするものである。

しかるところ，一般に，ある議案を否決する株主総会等の決議によって新たな法律関係が生ずることはないし，当該決議を取り消すことによって新たな法律関係が生ずるものでもないから，ある議案を否決する株主総会等の決議の取消しを請求する訴えは不適法であると解するのが相当である。このことは，当該議案が役員を解任する旨のものであった場合でも異なるものではない。」

3．検　討

⑴否決決議が法律効果の発生の要件とされている場面

否決決議を取り消したとしても決議が可決されるわけではないという素朴な発想からして，否決決議を取り消す実益はなく，訴えの利益なしという最高裁及び原審の立場は，大方の支持を得られることであろう。ただ，悩ましいのは，否決決議が法律効果の発生の要件とされているいくつかの場面があり得ることである。(i)一つは，本Caseのような取締役の解任の訴えの場合である。(ii)もう一つは，株主提案権の場合である。すなわち，会社法304条但書は，「当該議案が法令若しくは定款に違反する場合又は実質的に同一の議案につき株主総会において総株主の議決権の10分の１以上の賛成を得られなかった日から３年を経過していない場合」に，株主が株主総会において議案提案権を行使できない旨規定しており，賛成を得られなかった否決決議を取り消せば，かかる制約が外れうるのである。

しかし，(i)(ii)のいずれも，否決の決議それ自体から当該法律効果が発生するのではなく，他の法的な定めにおいて議案が否決されることを要件として法的効果を発生させる仕組みであると理解すべきである。この点に関連し，前掲最判平成28年３月４日における千葉勝美裁判官は，効果の発生を争うのであれば，当該定めの適用においては，取消事由となるような手続上の瑕疵のある否決の決議がされても，それは効果発生要件としての否決の決議には当たらない，あるいは否決されたとみるべきではない等といった合理的で柔軟な解釈をして適用を否定し，法律効果の発生を否定するといった処理が可能である旨述べており，妥当な認識であると解される。

⑵本Caseについて

前記のとおり，本件で本来争われるべきは，取締役の解任の訴えにおける①の要件の存否であるはずである。それを避け，否決決議の取消しにより，②の要件外しを図った戦術は，奇策であるも，正攻法として評価するわけにはいくまい。かかる戦術を否定した最高裁の態度は正当であったといえよう。

5

株式の準共有者において権利行使者を定める基準

跡取りは法律上の妻の子か，事実上の妻の子か？

Case

1．Ｙは，資本金500万円の特例有限会社である。Ａは，Ｙの創業者であり，Ｙの資本金全額を出資し，その出資持分全部を保有し，Ｙの代表取締役を務めていた。Ａは，妻X_1との間に，X_2，X_3という２人の娘があったが，X_1と，結婚後10年を過ぎた頃から不仲となり，別居することになった。そして，Ａは，別居と相前後して，Ｂと同棲をはじめ，ＡＢ間には，息子Ｃが誕生し，ＡはＣを認知した。それだけでなくＡは，自身の姓とＢＣの姓が異なることを避けるため，ＢとＤ（Ａの親族）との間で，Ｂを養子とする旨の養子縁組をさせた。ＡＢは，事実上の夫婦として，Ｃとともに同居してきた。

その後，Ａは，平成30年９月12日，結腸癌のため入院し，10月12日手術を受けたものの，回復に至らず，11月９日，死亡した。Aの法定相続人は，X_1，X_2，X_3及びCの４人である。

2．Yは，平成30年10月18日，社員総会を開催し，BをYの代表取締役として選任する旨の決議を行った（本件社員総会決議）。

3．X_1，X_2及びX_3（Xら）は，Aの死亡により自身らがYの持分権を共同で相続したとして，その社員たる地位に基づいて，本件社員総会決議が存在しないことの確認を求め，裁判所に提訴した（ただし，会社法106条本文に定める手続は履践されていない）。

これに対し，Yは，⑴Aがその持分全部をBに遺贈した結果（本件遺贈），XらはAの持分を相続しておらず，Yの社員たる地位を有しないから，かかる訴えにつき原告適格がなく，本件訴えは不適法である，⑵本件社員総会決議はYの持分全部を有するAによりなされたものであるから，有効に成立していると主張して，これを争っている。

4．本件遺贈については，Xらは，本件訴えと別に，遺言無効の訴えを提起しており，管轄の地方裁判所に係属中である。

1．はじめに

会社法106条本文は，「株式が二以上の者の共有に属するときは，共有者は，当該株式についての権利を行使する者一人を定め，株式会社に対し，その者の氏名又は名称を通知しなければ，当該株式についての権利を行使することができない」旨規定する。その趣旨は会社の事務処理の便宜を図るところにある。本条は，元々，株式の共同相続を対象にした規定ではなかった。本条（に相当する規定）の制定当時（戦前）は，均分相続ではなく，家督相続が原則であったため，そもそも株式の共同相続という事態が発生しようがなかった。ところが，第二次世界大戦後，相続法が改められ，均分相続が原則になった（民法898）。現在では，本条は，もっぱら株式の共同相続の場合を念頭に置いた規定となっている。

２．最判平成９年１月28日集民181号83頁と多数決説

⑴問題の所在とさまざまな考え方

会社法106条本文は，前記のとおり，準共有者の間で権利行使者一人を定めることを求めている。しかし，いかなる基準で選ぶかにつき規定を置いておらず，解釈に委ねられる。考え方としては，ごくおおざっぱに言うと，準共有者の全員一致で権利行使者を選定しなければならないという見解（Ａ説）と，持分の価格の過半数で決すべきとする見解（Ｂ説）とがありうる。

⑵最判平成９年１月28日集民181号83頁の判旨

本Caseの素材となった最判平成９年１月28日集民181号83頁は，この問題についてのリーディング・ケースであり，次のとおり判示する。

①.「有限会社の持分を相続により準共有するに至った共同相続人が，準共有社員としての地位に基づいて社員総会の決議不存在確認の訴えを提起するには，………社員の権利を行使すべき者（以下「権利行使者」という）としての指定を受け，その旨を会社に通知することを要するのであり，この権利行使者の指定及び通知を欠くときは，特段の事情がない限り，右の訴えについて原告適格を有しないものというべきである………。」②.「そして，この場合に，持分の準共有者間において権利行使者を定めるに当たっては，持分の価格に従いその過半数をもってこれを決することができるものと解するのが相当である。けだし，準共有者の全員が一致しなければ権利行使者を指定することができないとすると，準共有者のうちの一人でも反対すれば全員の社員権の行使が不可能となるのみならず，会社の運営にも支障を来すおそれがあり，会社の事務処理の便宜を考慮して設けられた右規定の趣旨にも反する結果となるからである。」

⑶前掲最判平成９年１月28日の射程をめぐる議論

前掲最判平成９年１月28日は，Ｂ説を是とする旨明言している。しかし，その判断は仮定的であることに注意を要する。

Caseでは，遺贈の効力を争う遺言無効の訴えが別に訴訟係属しており，Ｙ社の持分の帰趨は，最終的には，この遺言無効の訴えに関する判決により決される。遺贈の効力は，一般に物権的であると解されており，本件遺贈が有効なら，Ｘらは，Ｙ社持分につき全くの無権利者となる。他方，本Caseにおける争点は，Ｙ

社の社員総会決議の効力である。前掲最判平成９年１月28日は，遺言無効の訴えに関し，判断が下されていないという状況で，仮に，Ｘらが持分権者であったとしても，権利行使者を定めるべきであったと判示して，権利行使者を定めず提起した訴えを不適法却下した第１審（東京地判平成４年２月18日金判1019号28頁），原審（東京高判平成５年７月５日金判1019号25頁）の判断を是認し，Ｘらの上告を棄却したものである。つまり，多数決説を採る判示②の部分は，傍論にすぎない。前掲最判平成９年１月28日が，最高裁の正式な判例集である最高裁民事判例集（民集）に登載されていないのも，このような事情によるのであろう。

3．事業承継という観点から検討すべきポイント

本Caseに関しては，事業承継という観点から，次の３点を指摘しておきたい。

⑴前掲最判平成９年１月28日の当時，非嫡出子の法定相続分は嫡出子の２分の１であったため（平成25年改正前民法900条４号但書），法定相続分は，Ｘらが合計10分の９，Ｃが10分の１であった。現在，嫡出子も非嫡出子も法定相続分は同じであり，結果として，法定相続分は，Ｘらが合計６分の５，Ｃが６分の１となる。①．に掲げる「特段の事情」は，現在では，より一層生じる余地がなくなっている。

⑵Caseでは，遺贈の効力が遺言無効として争われているが，Ｘらとしては，本件遺贈に対し遺留分減殺請求権を行使することも可能であった。遺留分減殺請求権の効果は物権的であるので，

行使の結果，本件株式につき，やはり準共有が生じえた。ただ，平成30年相続法改正により，遺留分「侵害額」請求権の効果は，単に債権的なものであるとされた（平成31年７月１日施行）。この場合，Ｘらは，Ｂに対し，遺留分を侵害する分に応じた金銭債権を有するにすぎないこととなる（平成30年改正民法1046）。

⑶あくまでも推測であるが，Ａが本件遺贈をした背景には，Ｂとの事実上の家族関係を尊重することの他に，Ｂとの間の子が息子で，正妻X_1との間の子がいずれも娘であったということもあるのかもしれない。「男系」の跡取りに拘泥する考えは，もはや時代遅れではあるのだが，前掲最判平成９年１月28日の当時においては，必ずしもそうではなかったのかもしれない。

6

新株発行無効の訴えに関する詐害再審

「馴合訴訟」により行われた新株発行無効の訴えは認められるか

Case

1．Y_1は株式会社であり，Xは，Y_1の代表取締役であった。Xは，Y_1の新株予約権者を有していたところ，当該新株予約権を行使し，Y_1は，これに相応する1500株の普通株式（本件株式）を発行した（本件株式発行）。そして，本件株式発行の結果，Xは，Y_1の株主となった。

その後，Xは，Y_1の代表取締役を解職された。Xの解職後，Y_1は，X保有にかかる本件株式につき質権設定を受けたとするAに対し，本件株式発行は見せ金によって払込みの外形を作出してされた無効なものである旨の通知をした。

これに対し，X及びAは，Y_1に対し，本件株式発行は有効なものである旨反論した。

2．かような状況の下，Y_1の株主であるY_2は，主位的に本件株式発行の不存在の確認を，予備的に本件株式発行を無効とすることを求める訴えを提起した（前訴）。Y_2は前訴において，本件株式発行は見せ金によって払込みの外形が作出されたものにすぎないことなどを主張した。

前訴の第１回口頭弁論期日において，被告であるY_1は，Y_2の請求を認めるとともに，請求原因事実を全て認める旨の答弁をした。前訴の受訴裁判所は，当事者双方から提出された書証を取り調べた上，請求原因事実についての追加立証を検討するよう指示して口頭弁論を続行し，第２回口頭弁論期日において，Y_1から提出された，本件株式発行が見せ金によるものであることなどが記載された陳述書を更に取り調べた上，口頭弁論を終結し，本件株式発行を無効とする判決（前訴判決）を言い渡した。そして，前訴判決は確定した。

3．Ｘは，前訴判決確定後に前訴判決の存在を知り，前訴につき，独立当事者参加（民事訴訟法（民訴法）47）の申出をするとともに（本件独立当事者参加），再審の訴えを提起した。再審事由に関し，Ｘは，民訴法338条１項３号の代理権欠缺に準じた再審事由があると主張している。

1．問題の所在

本Caseにおける実質的対立は，Y_1対Y_2間ではなく，Y_1対Ｘ間に存している。かような中，Y_1と意を通じていると思われるY_2とY_1との間で新株発行無効の訴えが，馴合訴訟として行われると，無効判決の効果は，対世効を有するため（会社法838），Y_1はＸに対して行った本件株式発行を，Ｘに邪魔されることなく，無効とすることができる。かかる馴合いを許容してよいかが本件で問われている。

２．裁判所のとった立場：最決平成25年11月21日民集67巻８号1686頁

⑴本Caseは，最決平成25年11月21日民集67巻８号1686頁を素材としたものである。原々審（東京地決平成24年３月30日判時2158号48頁），原審（東京高決平成24年８月23日判時2158号43頁）は，Ｘの主張を否定した。ここでは原審の決定要旨を引用しておく。

「現行の法体系においては，判決の効力を第三者に対しても及ぼす場合には，当該訴訟の内容を考慮して，詐害判決がされたことを再審事由として認めるかどうかについても当該法律において規定しているのであり，その反面，そのような法律の定めがない場合には，詐害判決であることを独立した再審事由として認めることはできず，したがって，これを民事訴訟法338条１項３号の代理権欠缺に準じた再審事由であると認めることはできないものというべきである。」

⑵これに対し，最高裁は，「新株発行の無効の訴えに係る請求を認容する確定判決の効力を受ける第三者は，上記確定判決に係る訴訟について独立当事者参加の申出をすることによって，上記確定判決に対する再審の訴えの原告適格を有する」と述べた

上で，下記のとおり判示する。

「新株発行の無効の訴えは，株式の発行をした株式会社のみが被告適格を有するとされているのであるから（会社法834二），上記株式会社によって上記訴えに係る訴訟が追行されている以上，上記訴訟の確定判決の効力を受ける第三者が，上記訴訟の係属を知らず，上記訴訟の審理に関与する機会を与えられなかったとしても，直ちに上記確定判決に民訴法338条１項３号の再審事由があるということはできない。

しかし，当事者は，信義に従い誠実に民事訴訟を追行しなければならないのであり（民訴法２），とりわけ，新株発行の無効の訴えの被告適格が与えられた株式会社は，事実上，上記確定判決の効力を受ける第三者に代わって手続に関与するという立場にもあることから，上記株式会社には，上記第三者の利益に配慮し，より一層，信義に従った訴訟活動をすることが求められるところである。そうすると，上記株式会社による訴訟活動がおよそいかなるものであったとしても，上記第三者が後に上記確定判決の効力を一切争うことができないと解することは，手続保障の観点から是認することはできないのであって，上記株式会社の訴訟活動が著しく信義に反しており，上記第三者に上記確定判決の効力を及ぼすことが手続保障の観点から看過することができない場合には，上記確定判決には，民訴法338条１項３号の再審事由があるというべきである。」

「本件において，Ｘは，前訴の係属前から，Y_1に対して内容証明郵便により本件株式発行の有効性を主張するなどしており，仮に前訴の係属を知れば，自らの権利を守るために前訴に参加するなどしてY_2による本件株式発行の無効を求める請求を争うことが明らかな状況にあり，かつ，Y_1はそのような状況にあることを十分に認識していたということができる。

それにもかかわらず，Y_1は，前訴において，Y_2の請求を全く争わず，かえって，請求原因事実の追加立証を求める受訴裁判所の訴訟指揮に対し，自ら請求原因事実を裏付ける書証を提出したほか，前訴の係属を知らないXに対して前訴の係属を知らせることが容易であったにもかかわらず，これを知らせなかった。その結果，Xは，前訴に参加するなどして本件株式発行の無効を求める請求を争う機会を逸したものである。

このような一連の経緯に鑑みると，前訴におけるY_1の訴訟活動は会社法により被告適格を与えられた者によるものとして著しく信義に反しており，Xに前訴判決の効力を及ぼすことは手続保障の観点から看過することができないものとして，前訴判決には民訴法338条１項３号の再審事由が存在するとみる余地があるというべきである。」

３．検討～詐害再審～

⑴民事訴訟は，基本的には私人間の私的紛争を解決するものである。このことから訴訟における攻撃防御は，もっぱら各当事者の権能かつ責任に委ねられ，判決の既判力も，原則として当事者間にしか及ばない（民事訴訟法115①)。ただ，時として，第三者に害を及ぼすべく，意識的に馴合訴訟が行われるという事

態も生じうる。かかる事態を避けるため，法は，いくつかの場面で，かかる馴合訴訟に基づいて獲得された確定判決に対し，再審の訴えを設けている（会社法853，特許法172，行政事件訴訟法34）。これを詐害再審という。

⑵民事手続に関する一般法である現行民訴法は，詐害再審の規定を置いていない。詐害再審に関する規定は，実は，旧旧民訴法（明治24年法律第29号）には，規定が置かれていたが（旧旧民訴法483），旧民訴法（大正15年法律第61号）で削除されたものである。現行民訴法の立法過程でも導入が検討されたものの，結局見送られ，現在に至っている。

本Caseは，前記諸法が直接規定する場合以外にも，詐害再審と評価すべき場合がありうることを如実に示している。独立当事者参加の形を借りて，再審の訴えを許容する最高裁の立場は，１つの解釈上の便法として支持されるべきであろう。

7

特例財団法人における定款変更の限界

単位宗教法人一派と関連法人一派の間のお家騒動

Case

1　Xは，仏教のP宗Q派の包括宗教法人であり，一般にはR寺として知られる。ここに包括宗教法人とは，神社，社寺等単位宗教団体を傘下に擁する宗教団体である（宗教法人法2二）。Xの前身であるP宗Q派自体は，1602年ころに建立されたものであるが，P宗Q派がその名を称して活動するのは，明治時代に入ってからである。

2　他方，Yは，一般財団法人R寺文化振興財団である。Yは，大正元年にA他20名が財産を拠出して設立したものであり（当時は，公益財団法人），P宗Q派は，同9年から昭和23年にかけて，Yに対し，金358万円余を拠出している（以下，「本件拠出」という。）。その後，昭和27年に，Xが前記宗教法人として設立された。

3　その後，一般法人法の施行に伴い，Ｙは，平成20年に特例財団法人に，同23年には一般財団法人に，それぞれ移行した。一般財団法人への移行に際し，Ｙは，定款変更を行い，解散時における残余財産の帰属先につき，従前「目的を同じくする，又は類似の目的を有する公益法人，又は団体に寄附するものとする」とされていたのを改め，「国または地方公共団体」を追加した（本件定款変更）。

4　平成22年に，ＸはＹに対し，「本件拠出」が信託契約に基づくものであったとして，信託契約解除の意思表示を行った。

5　Ｘは，本件定款変更が設立者の意思に反し，根本的事項を変更するものであるから無効であるなどと主張するとともに，前記の信託契約の解除に基づく信託財産の返還請求を行った。

1．問題の所在

本Caseは，最判平成27年12月８日民集69巻８号2211頁を基にしたものである。一般法人法（一般社団法人及び一般財団法人に関する法律）の制定に伴い，既存の公益法人は，特例法人とされ，経過期限内に，一般法人に移行するか，公益認定法（公益社団法人及び公益財団法人の認定等に関する法律）に基づく認定を受け，公益法人となるかの選択を迫られ，いずれの途も取らない場合，解散することとなった（整備法（一般社団法人及び一般財団法人に関する法律及び公益社団法人及び公益財団法人の認定等に関する法律の施行に伴う関係法律の整備等に関する法律）46)。特例民法法人には，特例有限会社のように「そのままで居続けられる」途が用意されていない。本件では，特例民法法人の一種である特例財団法人が，一般法人の一種である一般財団法人に移行する際における定款変更の限界が問われている。

２．各審級の判断

本件定款変更につき，第一審（京都地判平成24年３月27日（平成22年（ワ）第3050号））及び原審（大阪高判平成25年７月19日（平成24年（ネ）第1418号））は，いずれも無効である旨判示する。紙幅の都合上，後者についてのみ引用すると下記のとおりである（信託財産の返還請求については，第一審，原審とも否定しており，上告審の判断対象となっていない）。

「旧民法の財団法人は，設立者の客観的意思である寄附行為によって規律される他律的法人であり，社団法人における総会のような意思決定機関は存在しない。財団法人は，寄附行為に示された設立者の意思を活動の準則とするものであって，理事は寄附行為の枠内で意思決定をすることができるだけである。このように財団法人の本質は寄附行為者の意思の実現であることからすると，寄附行為者の意思の表示である原始寄附行為を変更することは，財団法人の同一性を害することになるから，許されないと解すべきである。」「整備法94条２項は「定款を変更することができる。」と定め，変更の限界について明示的に定めていないが，そうであるからといって定款の変更には限界がなく自由に変更することができると解するのは相当でなく，前記の財団法人の本質に照らすと，旧民法下におけるのと同様に法人の同一性を失わせるような根本的事項の変更は許されないと解するのが相当である。」

これに対し，上告審である前掲最判平成27年12月８日は，これらとは逆に，「特例財団法人は，所定の手続を経て，その同一性を失わせるような根本的事項の変更に当たるか否かにかかわらず，その定款の定めを変更することができるものというべきである。このように解することは，先に述べた定款変更の必要性に沿うものであり，また，旧民法の規定に基づく財団法人から通常の一般財団法人への移行を円滑かつ適切に行うための措置を定める整備法の趣旨にも合致するものである」旨判示し，根本事項の変更か否かを問うことなく，定款変更ができることを明示的に認めた。

3．コメント

⑴前記のとおり，特例民法法人は，所定の期間内に一般法人又は公益法人へと移行するかの選択を迫られ，そのままで居続けることを許されていない。そして，移行に際しては，何らかの形で定款変更が必要となる。このことを踏まえ，一般法人法200条の特則である整備法94条は，３項において，「定款の変更に関する定めがない特例財団法人は，理事（清算中の特例財団法人にあっては，清算人）の定めるところにより，定款の変更に

関する定めを設ける定款の変更をすることができる」と規定するとともに，６項において，旧主務官庁の認可を受けなければ，定款変更の効力を生じない旨規定する。

かかる状況において，根本原則の変更が許されないとなると，せっかくの整備法の規定にもかかわらず，いずれの移行の選択もできないこととなり，解散を余儀なくされてしまう。前掲最判平成27年12月８日が採用する「無限界説」は，かかる状況の下で，法人の継続を図るべく採用されたものであり，いわば救済判決であるといえる。

⑵本件定款変更は，シ・プレ原則を反映したものである。同原則は，「可及的近似の原則」ともいい，当該公益法人・公益信託の終了の際，他の類似する目的のために，移し替え，存続を図ろうとするものである（公益認定法５十七，公益信託ニ関スル法律９）。その意味では，シ・プレ原則を反映した本件定款変更を前掲最判平成27年12月８日が有効としたことは，法人の実質的継続という点で一貫した判断であったといえるのかもしれない。

⑶本件で興味深いのは，Ｘが本件拠出を信託であったと主張し，信託財産の返還請求を行っていることである。信託法が制定された現在でも，解釈により，一種の擬制信託的法律関係を生じさせることは可能であり，例えば，最判平成14年１月17日民集56巻１号20頁は，「地方公共団体甲から公共工事を請け負った者乙が保証事業会社丙の保証の下に前払金の支払を受けた場合において，甲と乙との請負契約には前払金を当該工事の必要経費以外に支出してはならないことが定められ，また，この前

払の前提として甲と乙との合意内容となっていた乙丙間の前払金保証約款には，前払金が別口普通預金として保管されなければならないこと，預金の払戻しについても預託金融機関に適正な使途に関する資料を提出してその確認を受けなければならないこと等が規定されていたなど判示の事実関係の下においては，甲と乙との間で，甲を委託者，乙を受託者，前払金を信託財産とし，これを当該工事の必要経費の支払に充てることを目的とした信託契約が成立したと解するのが相当である」と判示する。

(4) Xが，信託財産の返還請求と併せ，本件定款変更の無効の主張をしていることからすると，Xの真意は，Yの解散とそれに基づく出資の返還にあるとみてよい。かかる主張が，営利法人でない法人において認められないことは言うまでもない。

ただ，本件が，P宗Q派内部における単位宗教法人（X）を根城とする一派と，関連法人（Y）を根城とする一派の間の御家騒動，財産争いであるという実態に鑑みると，前記主張を封じるだけでは，問題の先送りに過ぎず，何の解決にもならないことも事実である。法による解決の限界を感じる。

第 2 章

手続の不徹底が禍根を残す！

～株主総会等の不存在・招集通知漏れ等の実例

1

登記簿上の取締役の対第三者責任

正式に選任されていなくても，「ハンコ」を押したら責任を負う

Case

A株式会社は，服飾雑貨および装粧品の卸，小売等を目的とする株式会社であり，B株式会社の取扱商品である宝石，貴金属類につき，その小売部門を開設するために設立された。B社の代表取締役は，Cであり，Cは，Yの娘Dの夫であった。そして，A社の設立も，Cの発案に基づくものであった。A社の実質上の設立事務は，もっぱらCが行っており，Cは，A社の設立以来その経営全般につき，営業部長として掌理していた。

A社には，Yのほかに6名の者が発起人として名を連ねていたものの，YのA社取締役・代表取締役への就任は，A社の創立総会，株主総会ないし取締役会の決議に基づいたものではなく，まったく名目上のものであった。

Yは，前記役職就任後もA社の業務の執行には一切関与せ

ず，指揮監督等の行為も全くしてこなかった。
　そもそも，Ｙは，Ａ社の設立に際し，Ｃから「迷惑をかけないから名目上代表取締役に就任してくれ」と頼まれ承諾し，Ａ社の取締役・代表取締役に就任した旨の登記を経たのであった。
　さて，Ａ社は，回収できる確実な見込がないにもかかわらず，Ａ社の事業用資金をＢ社に貸し付け（貸付金），それに基づき，Ｂ社が取扱商品たる宝石類を，Ａ社を介して，市価よりも安く小売させていたところ，Ｂ社は，約束手形の不渡りを出して倒産した。
　Ｂ社の倒産により，前記貸付金は全額回収不能となり，そのためＡ社も不渡手形を出して倒産した。
　折しもＸは，Ａ社に対し，Ａ社の広告フィルムの製作代金債権を有していたところ，その取立てができなくなり，当該債権相当額の損害を被ることになった。
　そこで，Ｘは，Ａ社の取締役・代表取締役として名を連ねていたＹに対し，取締役の対第三者責任（現会社法429条１項）を追及すべく，訴えを提起した。

1．はじめに：問題の所在

　中小規模の株式会社では，株主総会手続をきちんと履践しないのが常態となっているところに加え，取締役の員数（取締役会設置会社では最低３人必要：会社法331⑤）を確保する観点から，親族・

知人等の名義を借り，取締役としての登記をしている場合がまま見られる。

このように，取締役として株主総会で選任されていないにもかかわらず，取締役として就任の登記をされた者を，登記簿上の取締役という。会社が倒産した場合，会社債権者が登記簿上の取締役に対し，取締役の対第三者責任（会社法429①）を追及するケースがみられ，講学上，登記簿上の取締役の対第三者責任として議論される。

２．登記簿上の取締役の対第三者責任に関する最高裁判決の立場

この問題に関するリーディング・ケースである最判昭和47年６月15日民集26巻５号984頁は，まず，原則論として，会社法429条１項にいう取締役とは，創立総会または株主総会において選任された取締役をいうのであって，そのような取締役でなければ，取締役としての権利を有し，義務を負うことがないゆえ，「ＹがＡ社の取締役として登記されていても，本来は，会社法429条１項にいう取締役には当たらないというべきである」旨述べる（条文は，現会社法のものに置き換えた。）。

次に，商業登記の効力に関し規定する会社法908条２項に目を転じ，同項が，「故意又は過失によって不実の事項を登記した者は，その事項が不実であることをもって善意の第三者に対抗することができない」旨規定しているところ，そこでいう「不実の事項を登記した者」は，当該登記を申請した商人（登記申請権者）をさ

すものの，不実の登記事項が株式会社の取締役への就任であり，かつ，その就任の登記につき取締役とされた者が承諾を与えたのであれば，その者もまた不実の登記の出現に加功したものというべく，したがって，その者に対する関係においても，当該事項の登記を申請した商人に対する関係におけると同様，善意の第三者を保護する必要があるから，同条の規定を類推適用して，取締役として就任の登記をされた当該本人も，故意または過失があるかぎり，当該登記事項の不実なことをもって善意の第三者に対抗することができない旨判示する。

そして，Ｙが前記訴外会社の取締役に就任した旨の登記につき，Ｙが承諾を与えたとした上で，「不実の登記の出現に加功した」Ｙは，当該「登記事項の不実であること，換言すれば同人がＡ会社の取締役でないことをもって善意の第三者であるＸに対抗することができず，その結果として，……ＹはＸに対し同法429条１項にいう取締役としての責任を免れ得ないものというべきである」と結論づける。

以上を要約すると，①登記簿上の取締役は，取締役には当たらないとしつつ，「不実の登記の出現に加功した場合」には，会社法908条２項を類推適用し，結果として，③当該登記事項の不実なことをもって善意の第三者に対抗することができない（つまり，取締役としての責任を負担する）ということである。

さらに，最判昭和63年１月26日金法1196号26頁は，取締役が辞任したものの，その辞任登記が未了で，結果的に登記簿上の取締役となっている場合の責任につき，④原則として責任を負わないとしつつ，⑤辞任登記を申請しないで不実の登記を残存させることにつき，明示的に承諾を与えていたなどの特段の事情がある場合には，責任を負うものと判示している。

３．裁判例が実質的にいいたいこと　～登記とのかかわりから～

以上の裁判例のロジックは，随分複雑なものであり，解釈論として必ずしも洗練されているとは言い難い。

ここでは，学説上の対立ではなく，これら裁判例が「実質的にいいたいこと」を，登記とのかかわりから考えてみたい。

取締役の就任・辞任の登記を行うのは，当該対象者ではなく会社であるが，就任・辞任の登記の申請に当たっては，添付書面として，当該対象者の押印にかかる就任承諾書，辞任届がそれぞれ必要とされる（商業登記法54①④，商業登記規則61⑦⑧）。

前掲最判昭和47年６月15日は，当該対象者がハンコを押した就任承諾書を提出したことをもって，「不実の登記の出現に加功」したと，前掲最判昭和63年１月26日は，当該対象者がハンコを押した辞任届を出さないことをもって，「不実の登記を残存させることにつき，明示的に承諾を与えていた」と，それぞれ評価している。

つまり，法的ヴェールを剥ぎ取れば，判例が重視しているのは，「当該対象者がハンコを押したか」なのである。

もともと取締役の対第三者責任は，保証（民法446）と類似の機能を果たすが，保証の場合も，重視されるのは「ハンコをついた」かどうかである。

　結局，わが国のハンコ文化がここにも現れているといってよいものと解される。

2

取締役の対第三者責任

取締役として対外的信用を増すことを期待されていたはずが…

Case

Ｚ工業株式会社（Ｚ社）は，いわゆる小規模閉鎖的な株式会社（非上場）である。Ｚ社の成り立ちであるが，当時（昭和26年），Ｂ市会議員選挙に落選し生活に困窮していたＡの状況を見かねたＡの知人らが，Ｚ社を設立し，Ａを代表取締役に据え，その経営にあたらせてきたというものである。

しかるに，Ｚ社の業績は，不振となった。このため昭和27年１月末頃，Ａの知人であるＣは，Ｚ社の業績を向上させるべく，これまたＣの知人であり，県議会議員，獣医師，弁理士でもあったＹの地位・信用を利用することを企図し，ＹにＺ社の代表取締役社長への就任を懇請することにした。

Ｙは，当初，前記の仕事のため職務多忙であり，取締役就任に乗り気ではなかったものの，Ｃが，「Ｙには責任をもたせない，名前だけ貸してくれればよい」と申し入れたため，これに応じることにした。Ｙは，就任に際し，Ｚ社の実権者であるＡから会社の現況の説明を聞くとともに，「自分（Ｙ）は多忙であるから週２，３回程度しか出社できない」旨断り，Ａに対し，社長印及び自己の氏名のゴム印を預け，「Ｚ社社長たる自己（Ｙ）の名において手形，小切手を振り出す権限（金額の制限なし）」をもＡに委ねた。

そして，その後，Ｙは，Ｚ社に社長としての自席も設けず，辞任までの間２，３回Ｚ工業に立ち寄っただけで，業務一切をＡに任せきりにしていた。

さて，Ａは，Ｘに対し，Ｚ社の代表取締役として鋼材を買い受けたい旨申し込み，Ｘはこれを承諾し，昭和27年３月４日頃，本件鋼材（合計16トン当たり単価４万5,000円）を代金合計72万円と定めてＺ社に引き渡した。その際，Ｘは，Ｚ社から，その代金支払方法として約束手形（本件約束手形）の交付を受けた。

Ａは，本件鋼材につき，Ｘに対して，Ｂ市役所に納入すると述べていたにもかかわらず，本件鋼材の着荷後は，これを他者に転売し，転売代金はことごとくＺ社の旧債に充当してしまった。のみならず，Ｚ社は，本件約束手形振出後わずか１週間後である同年３月12日頃，Ｄに対し振り出した約束手形を不渡りとし，さらにその直後Ｅに対し振り出した約束手形をも不渡りとしてしまった。

その結果，Ｚ社は再起不能に陥り，遅くとも同年４月中には店舗を閉鎖し，事業を停止せざるを得ない状態にいたった。

Ｙは，これに先だち，Ａが前記の各手形を不渡りとするような不始末をしたことに対し，いたく立腹し，同年３月16日頃，Ｚ社に対し，代表取締役を辞任しＺ社と関係を絶つ旨記載した書面を交付した（ただし，辞任登記は同年５月10日付でなされた）。

本件約束手形は，同年５月２日満期が到来したが，もとよりＺ社にその支払をなす資力はなく不渡りとなり，Ｘは本件鋼材代金72万円を回収することができなかった。

そこで，Ｘは，Ｙに対し，取締役の対第三者責任（現会社法429①）を追及すべく，訴えを提起した。

1．はじめに

取締役と株式会社との間は，委任に関する規定に従うとされるところから（会社法330）[*1]，取締役は，会社に対し善管注意義務（民法644），忠実義務を負う（会社法355）[*2]。これらの義務の懈怠は，取締役の対会社責任（会社法423①）を生じさせ，当該会社はもちろんのこと，所定の要件の下，株主も，代表訴訟（会社法847以下）により，その責任を追及することができる。

さて，会社法は，取締役に対し，前記の対会社責任に加え，第三者に対する責任（会社法429①[*3]）について規定を用意し，取

＊1　正確には，準委任契約となる（民法656）。ただし，委任に関する規定は，準委任につき準用されるので，結果に違いはない。

＊2　忠実義務と善管注意義務との関係につき，会社法学上議論があるが，判例・通説は，両者を同一のものであると解している。

＊3　取締役の対第三者責任としては，会社法429条２項の責任についても問題とされるが，本稿では，同条１項の責任についてのみ取り扱う。

締役は，所定の要件の下，第三者に対しても責任を負うべき旨規定する。取締役が取締役との間で契約関係に立たない第三者との間で負うこの責任が，いかなる性質のものであるかが問われたのが，Caseの基となった最大判昭和44年11月26日民集23巻11号2150頁である。

2．最高裁判決にみる取締役の対第三者責任

⑴多数意見が説く法定責任説

責任の発生原因は，一般に契約か不法行為かのいずれかであり，前者がない場合には，後者となるはずである[*4]。しかるに，前掲最大判昭和44年11月26日の多数意見は，下記のとおり，取締役の対第三者責任は，それらのいずれでもない法定責任である旨判示する。「法は，株式会社が経済社会において重要な地位を占めていること，しかも株式会社の活動はその機関である取締役の職務執行に依存するものであることを考慮して，第三者保護の立場から，取締役において悪意または重大な過失により右義務に違反し，これによって第三者に損害を被らせたときは，取締役の任務懈怠の行為と第三者の損害との間に相当の因果関係があるかぎり，会社がこれによって損害を被った結果，ひいて第三者に損害を生じた場合であると，直接第三者が損害を被った場合であるとを問うことなく，当該取締役が直接に第三者に対し損害賠償の責に任ずべきことを規定したのである。」

＊4　その他にも，事務管理（民法697），不当利得（民法703）等がありうるが，適用場面を異にするため，省略する。

これに対し，松田二郎裁判官の反対意見は，長大なものであるが，取締役の対第三者責任を，民法の不法行為（民法709）の特則と理解するものである。

⑵検　　討

周知のごとく，わが国の株式会社の大多数は，上場をしていない，中小規模の非公開会社や同族会社であり，資本的蓄積が必ずしも十分ではない。そこで，会社債権者の保護は，もっぱら会社倒産時における取締役に対する責任追及の問題へと集約されざるを得ない。そのような場合における救済としては，法人格否認の法理による背後者への責任追及が考えられるものの，立証のためのハードルは高い[*5]。かような中，取締役の対第三者責任は，法人格否認の法理（第３章１（96頁）参照）の代替機能を果たすことになる。

多数意見の依拠する法定責任説は，理論的説明としてはスマートではないものの，取締役の対第三者責任が果たしている現実の機能には適合しており，このことから，多数説の支持を集めるに至った[*6]。

3．Caseの検討

Caseにおける Y の責任は，多数意見の依拠する法定責任説に

＊５　法人格否認の法理については，第３章１を参照。
＊６　法理論的説明として考える限り，不法行為の特則と理解する反対意見は，説得的である。ただ，私法においては，理論的明快さだけでなく，結論の妥当性も問題とされざるを得ない。

よると,「任せっきり」にしていたことが任務懈怠であると説明される。しかし,この事案において,「任せっきり」であることは,はじめから合意されていたはずである。Yに期待されていたのは,それよりも，取締役としてYの名を連ねることで，Z社の対外的信用を増すことである。そうであるとすれば，Yの取締役への就任は,実質的には,保証（民法446以下）をしたに等しい。本件は,実質的には，Yに対し保証人としての責任が追及された事案である。

ただ，会社倒産時において，このような形で個別の会社債権者に保護を与えていくことが適切であるかについては，再検討が必要であるように思われる。Xのような大口の取引債権者は，あらかじめYの連帯保証を求めることも可能であったはずだし，取引に際して,先取特権（民法321）による保護もあり得たはずである。それらを抜きに，会社債権者保護のかけ声の下，会社倒産時において，前記の各救済手段を講じてこなかった「個別」の債権者の保護を図ることは，債権者全体の間での公平を欠く結果になる。

むしろ今後は，倒産時における取締役の責任査定制度（破産法178等）を介して，債権者全体の公平を図るスキームが模索されていくべきであると解される。そして，取締役の対第三者責任に関する会社法429条１項の規定は，その存在意義につき，改めて立法論的検討が必要であると解される。

3

会社が株式の準共有者の一人による株主権行使を認めた場合の効果

会社法に基づく指定及び通知を欠いたままされた議決権行使は適法か

Case

Yは，青果物の販売を業とする，資本金300万円，発行済株式の総数3,000株の特例有限会社である。Yの株式保有の内訳は，Aが2,000株，Cが1,000株であったところ，Aが死亡したため，前記2,000株は，Aの法定相続人（いずれもAの妹）であるXとBが各２分の１の割合で共同相続した。Aの遺産の分割は未了であり，上記2,000株（本件準共有株式）は，XとBとの共有に属する。折しも，Yにおいて，臨時株主総会（本件総会）が開かれることとなった。Xは，本件総会に先立ち，その招集通知を受けたが，Yに対し，本件総会には都合により出席できない旨及び本件総会を開催しても無効である旨を通知し，本件総会には出席しなかった。他方，Bは，本件総会において，本件準共有株式の全部について議決権の行使（本件議決権行使）をした。本件準共有株式につき，会社法106条本文の規定に基づく権利を行使する者の指定及びYに対するその者の氏名又は名称の通知はされていなかったが，Yは，本件総会において，本件議決権行使に同意した。そして，Cも，その保有にかかる1,000株につき，本件総会において，議決権の行使をした。

その結果，本件総会において，下記の決議がなされた（本件各決議）。

①	Dを取締役に選任する旨の決議
②	Dを代表取締役に選任する旨の決議
③	本店の所在地を変更する旨の定款変更の決議
④	本店を移転する旨の決議

これに対し，Xは，本件各決議には決議の方法等につき法令違反があると主張して，Yに対し，会社法831条１項１号に基づき，本件各決議の取消しを請求すべく，裁判所に提訴した。

1．はじめに：問題の所在

本Caseで争点とされているのは，会社法106条本文の規定に基づく指定及び通知を欠いたままされた本件議決権行使が，同条ただし書の会社の同意により適法なものとなるか否かである。会社法106条は，「株式が二以上の者の共有に属するときは，共有者は，当該株式についての権利を行使する者一人を定め，株式会社に対し，その者の氏名又は名称を通知しなければ，当該株式についての権利を行使することができない。ただし，株式会社が当該権利を行使することに同意した場合は，この限りでない。」旨規定する。

同条本文は，旧商法203条２項を引き継ぐものであり，その趣旨は会社の事務処理の便宜を図るところにある。

他方，会社法106条ただし書の方は，平成17年会社法制定に当たって付加されたものであり，その趣旨は，制定関係資料に照らしてもはっきりしない。その上，最判平成11年12月14日集民195号715頁が，株式が数人の共有に属する場合において，株主の権利を行使すべき者の指定及び会社に対する通知を欠くときは，共有者全員が議決権を共同して行使する場合を除き，会社の側から議決権の行使を認めることはできない旨判示しているところから，同条但書が，前掲最判平成11年12月14日を変更するものかについても，議論が錯綜し，見解の一致をみない。本Caseの素材となった最判平成27年２月19日民集69巻１号25頁は，かような状況の下で登場した。

２．本Caseにおける利害の対立状況

本Caseにおいて，会社法106条本文における権利行使者は定められておらず，したがって会社（Y）に対する通知もされていない。それにもかかわらず，Yから，会社法106条ただし書に基づき，Bによる本件準共有株式に基づく議決権行使が許容されている。してみると，本Caseにおいての対立状況は，X対B及びCということになる。もしも本件準共有株式につき，法定相続分どおりに分けたとしたら，1000対2000で，B及びCが勝つことに

なるし，本件準共有株式を議決権行使の対象から除いたとしても，０対1000で，やはりＢ及びＣのサイドが勝つことになる。ただ，本件準共有株式の準共有の割合は，１（Ｘ）対１（Ｂ）であり，ＸとＢは，お互いに「両すくみ」の状況にある。本Caseは，かような状況の下，Ｂによる議決権行使を会社（Ｙ）が許容することで，０対3000で，Ｂ及びＣがＸに勝とうとした試みであるといってよい。同条但書が，「この限りでない」とした意味が，権利行使者の定め・通知がない場合に，会社が特定の者を株主として扱ってよいということであれば，Ｙ（＝Ｂ及びＣ）の試みは成功する。

3．裁判例の立場

前掲最判平成27年２月19日の第１審である横浜地裁川崎支判平成24年６月22日金判1464号37頁は，同意があったことを重視し「Ｂは，Ａ株式について議決権を行使することができると解される。そして，Ｂによる議決権行使の内容がＸの意向と異なるとしても，議決権の行使自体に瑕疵はないから，決議取消事由には該当しない」と判示し，Ｙサイドに軍配を上げた。

他方，原審（東京高判平成24年11月28日判タ1389号256頁）及び最高裁（前掲最判平成27年２月19日）はこれとは逆の立場を取る。ここでは，最高裁の判示を紹介する。

「会社法106条本文は，……共有に属する株式の権利の行使の方法について，民法の共有に関する規定に対する「特別の定め」（同法264条ただし書）を設けたものと解される。その上で，会社法

106条ただし書は，「ただし，株式会社が当該権利を行使することに同意した場合は，この限りでない。」と規定しているのであって，これは，その文言に照らすと，株式会社が当該同意をした場合には，共有に属する株式についての権利の行使の方法に関する特別の定めである同条本文の規定の適用が排除されることを定めたものと解される。そうすると，共有に属する株式について会社法106条本文の規定に基づく指定及び通知を欠いたまま当該株式についての権利が行使された場合において，当該権利の行使が民法の共有に関する規定に従ったものでないときは，株式会社が同条ただし書の同意をしても，当該権利の行使は，適法となるものではないと解するのが相当である。

そして，共有に属する株式についての議決権の行使は，当該議決権の行使をもって直ちに株式を処分し，又は株式の内容を変更することになるなど特段の事情のない限り，株式の管理に関する行為として，民法252条本文により，各共有者の持分の価格に従い，その過半数で決せられるものと解するのが相当である。」

4．結　論

最高裁によると，会社法106条ただし書が打ち消すのは，あくまでも同条本文の定めだけであり，かかる定めが打ち消されたことにより，権利行使が直ちに適法とされるわけではないことになる。権利行使が適法とされるか否かは，原則に戻り，民法の共有に関する規定に従って判断される。そして，本件議決権行使は，各共有者の持分の価格の過半数で決せられる共有の管理であるところ,「過」半数を満たしていない本件議決権行使は,違法であり,結果として,決議は瑕疵を帯びる。

結果として，B及びCとしては，決議を「強行」したことにより，数において上回っていながらも，勝負に破れてしまった。本Caseのように実質的には相続紛争である事例においては，やはり多数による強行はリスクが多いといえよう。

4

株主総会不存在と瑕疵の連鎖(1)

株主総会，取締役会の各決議が不存在である場合の役員は誰か

Case

1　Yは，発行済株式総数4,000株の株式会社であり（X及びAが各2,000株ずつ保有），その取締役には，X，A，B及びCが，代表取締役にはXが，それぞれ就任していた。

2　Yの役員に関しては，「Xが取締役を辞任し，昭和49年7月某日，臨時株主総会においてDを後任取締役に選任した」旨の株主総会議事録及び「取締役会においてAを代表取締役に選定した」旨の取締役会議事録がそれぞれ存在するとともに，「Xが，同日付で，取締役及び代表取締役を辞任し，Dが取締役に就任し，Aが代表取締役に就任した」旨の商業登記がなされている（登記1）。しかしXが取締役を辞任した事実はないし，議事録に対応する株主総会・取締役会は，そもそも開催されておらず，株主総会決議・取締役会決議（本件各決議）は存在しない。

3　その後，昭和59年某月某日付のＹの商業登記簿には，Ａ，Ｃ及びＤの３名が取締役に就任し，Ａが代表取締役に就任した旨の登記がされている（登記２）。

4　Ｘは，Ｙの取締役を辞任した事実はなく，本件各決議が存在しないとして，ＸがＹの取締役・代表取締役の地位にあることの確認と，本件各決議がそれぞれ不存在であることの確認を求める訴えを提起した。

5　Ａ及びＣは，前記４のＸの主張が後日訴訟において認められた場合に備え，登記１がなされる前（昭和49年６月某日当時）に，取締役に選任されていた者（Ｘ，Ａ，Ｂ及びＣ）により改めて取締役会を開催した上，Ｘを代表取締役から解任して新たに代表取締役を選任すべく，これを議題とする取締役会の招集をＸに請求し，Ｘは，これに応じ，Ａ及びＣに対し取締役会招集通知を発した。昭和60年某月某日，前記通知に基づき，Ａ，Ｃ及びＸが参集してＹの取締役会が開催され，Ｘを代表取締役から解職し，Ａを代表取締役に選定する旨の決議がされた（取締役会甲）。

6　その上で，Ｙは，ＸがＹの取締役を辞任した事実がなく，本件各決議が存在しないとしても，取締役会甲において，Ｘを代表取締役から解職し，Ａを代表取締役に選任する旨の決議がされたから，Ｘの本件請求のうち，ＸがＹの代表取締役の地位にあることの確認及びＡがＹの代表取締役の地位にないことの確認を求める請求は理由がないと主張した。

１．はじめに

本Caseは，最判平成２年４月17日民集44巻３号526頁を基にしたものである。ここでは，昭和49年の株主総会，取締役会の各決議（本件各決議）がいずれも不存在であることが前提とされており，その上で，①まず，「当該時点」（昭和60年時点）における役員が誰かが問われている。次いで争点となるのは，②登記１がなされる前の記載に基づき招集された取締役会甲における決議の効力である。

２．前掲最判平成２年４月17日の判旨の紹介

(1)争点①及び判旨①について

「Ｙの定款によると，Ｙの取締役の任期は２年，員数は５人以内と定められていることが，また，同じくその商業登記簿によると，昭和49年………当時Ｙの取締役又は代表取締役に就任していた者は，いずれも，………選任（重任）されたものであることが窺われるところ，………ＸがＹの取締役を辞任した事実はないというのであるから，Ｘはその任期が満了する………までＹの取締役たる地位を有していたものというべきところ，同日（注：任期満了日）の経過をもって，Ｘのみならず，Ａ，Ｂ及びＣの３名の任期も満了するから，Ｙは………取締役の員数を欠くことになり，したがって，同法258条１項（現会社法346①）に基づき，右４名は，新たに選任された取締役が就任するまで，引き続きＹの取締役としての権利義務を有するものといわなければならず，また，同法261条３項（現会社法351①）………に基づき，Ｘは，

同様に，引き続き代表取締役としての権利義務を有するものといわなければならない。」

⑵争点②及び判旨②について

「取締役を選任する旨の株主総会の決議が存在するものとはいえない場合においては，当該取締役によって構成される取締役会は正当な取締役会とはいえず，かつ，その取締役会で選任（現・選定）された代表取締役も正当に選任（選定）されたものではなく………，株主総会招集権限を有しないから，このような取締役会の招集決定に基づき，このような代表取締役が招集した株主総会において新たに取締役を選任する旨の決議がされたとしても，その決議は，いわゆる全員出席総会においてされたなど特段の事情がない限り………，法律上存在しないものといわざるを得ない。したがって，この瑕疵が継続する限り，以後の株主総会において新たに取締役を選任することはできないものと解される。」

3．コメント

⑴本Caseにおける争点①②は，いずれも結局，「当該時点」での取締役がだれかという問題である。争点①では，X，A，B及びCの任期がいずれも同一であるため，一斉に任期が終了し，取締役は0名となってしまうところから，これらの者に留任義務が課され，結果として，依然として取締役としての権利義務を有することになる（代表取締役についても，同様に，留任義務が課されたXがその権利義務を有する）。これが判旨①の帰結で

ある。

他方，判旨②については，差戻前原審（名古屋高判昭和60年９月11日民集44巻３号540頁）が，取締役会甲における取締役を登記２に記載されたＡ，Ｃ及びＤの３名であると捉え，これを理由に，取締役会決議甲は存在しないと判示していたのに対し，前掲最判平成２年４月17日は，判旨の判断を前提として，(i)留任しているＸ，Ａ，Ｂ及びＣが取締役である旨判示する。同判決は，その上で，(ii)取締役会甲につき，留任義務を有するＢの参加が欠けていたとし，取締役会の招集につき一部の取締役に対する通知漏れがあった場合における取締役会の決議の効力の問題になると述べ，先例（最判昭和44年12月２日民集23巻12号2396頁：７を参照）に依拠し，招集通知を欠いたＢが出席してもなお決議の結果に影響を及ぼさないと認めるべき特段の事情がある場合には有効と解すべきとした上で，特段の事情の有無につき，更に審理を尽くさせる必要があるとして，原審に差し戻した。

⑵判旨②は，俗に瑕疵連鎖説といわれる。すなわち，株主総会決議が不存在である以上，総会により選任された取締役から構成される取締役決議も不存在となり，その取締役会により選定される代表取締役も存在しなかったことになる。その結果，代表取締役（と称する者）により招集された後続の株主総会も不存在となり……という，瑕疵の連鎖が発生する理解をいう。瑕疵連鎖説は，判旨②の(i)の前提であるとともに，判旨①の留任義務の前提でもある。後続の適法な総会により遮断されない以

上，瑕疵が連鎖するが故，留任義務も続く。

⑶前掲最判平成２年４月17日においては，事実審において，瑕疵の連鎖や，留任義務につき十分争点整理がなされていなかったようで，争点に対する当事者の攻防と判旨が必ずしも対応していないように見受けられる。株主総会・取締役会をきちんと開いていなかったため，そもそも誰が取締役かが確定せず，泥仕合となり，それがそのまま訴訟に移行してしまったように見受けられる（Ｙのせっかくの対抗手段たる取締役会甲に関しても，通知漏れが生じている。）。法が要求する手続の履践が重要という，当然の教訓が本Caseから得られる。なお，瑕疵連鎖説に関しては，紙幅が尽きたので，次の５で本格的に検討する。

5

株主総会不存在と瑕疵の連鎖(2)

無限の瑕疵の連鎖は起こり得るのか

Case

Xは，Y株式会社の株主である。Y社においては，Aらを取締役に選任する旨の定時株主総会株主総会が行われた（第1決議）。その後，取締役の任期の満了又は中途において，順次株主総会が行われ，Aらが再任された（第２～第４決議）。最終の株主総会は，第４総会である。

Xらは，第１総会が不存在であり，同決議に続く後続の決議は，全て招集権限がない役員によって招集されたものであり，不存在であるとして，第１～第４決議の不存在を求め，裁判所に提訴した。

1．はじめに

本Caseは，最判平成11年３月25日民集53巻３号580頁を素材としたものである。本稿では，本Caseを用いて，前回の積み残しである瑕疵連鎖説につき検討したい。ここに瑕疵連鎖説とは，株主総会決議が不存在である以上，総会により選任された取締役から構成される取締役決議も不存在となり，その取締役会により選定される代表取締役も存在しなかったことになり，その結果，代表取締役（と称する者）により招集された後続の株主総会も不存在となり……という，無限の瑕疵の連鎖の発生を認める理解をいう。瑕疵連鎖説に関するリーディング・ケースは，前回検討した最判平成２年４月17日民集44巻３号526頁である。ただ，前掲最判平成２年４月17日で，争点となったのは，当該時点での取締役が誰かという問題であり，瑕疵連鎖説それ自体は，当該争点の理論的背景を構成するにとどまっていた。すなわち，後任者が選任されないうちは前任者が留任義務（会社法346①）を負い，後任者が全員出席総会などで選任されない限り，前任者選任に関する総会決議の瑕疵は，後続の総会に連鎖し，前任者の留任義務が続くという理屈である。しかも，判決文を読む限り，留任義務に関し，事実審で十分意識された攻防が尽くされなかった感が拭えない。これに対し，本Caseのもととなった前掲最判平成11年３月25日では，瑕疵の連鎖そのものが直接の争点とされたのである。

2．最判平成11年３月25日民集53巻３号580頁

瑕疵の連鎖に関し，最高裁は，次のとおり判示する。

「①取締役及び監査役を選任する株主総会決議が存在しないこ

との確認を求める訴訟の係属中に，後の株主総会決議が適法に行われ，新たに取締役等が選任されたときは，特別の事情のない限り，先の株主総会決議の不存在確認を求める訴えの利益は消滅すると解される。

しかし，②取締役を選任する先の株主総会の決議が存在するものとはいえない場合においては，その総会で選任されたと称する取締役によって構成される取締役会の招集決定に基づき右取締役会で選任された代表取締役が招集した後の株主総会において新たに取締役を選任する決議がされたとしても，その決議は，ａいわゆる全員出席総会においてされたなどの特段の事情がない限り，法律上存在しないものといわざるを得ず，この瑕疵が継続する限り，以後の株主総会において新たに取締役を選任することはできないこととなる（最高裁昭和60年（オ）第1529号平成２年４月17日第３小法廷判決・民集44巻３号526頁）。右は，後にされた決議が監査役を選任するものであっても，同様である。

そうすると，右のような事情の下で瑕疵が継続すると主張されている場合においては，後行決議の存否を決するためには先行決議の存否が先決問題となり，その判断をすることが不可欠である。③先行決議と後行決議がこのような関係にある場合において，先行決議の不存在確認を求める訴えに後行決議の不存在確認を求める訴えが併合されているときは，後者について確認の利益があることはもとより，前者についても，民訴法145条１項の法意に照らし，当然に確認の利益が存するものとして，決議の存否の判断に既判力を及ぼし，紛争の根源を絶つことができるものと解すべきである。」

3．検　討

⑴瑕疵連鎖説に対しては，会社をめぐる法律関係が収拾のつかない混乱に陥るとして，学説からの批判が強く，学説は，権利外観法理等の適用による事態の収拾を提案する。これらは概ね株主総会の決議取消判決における既往関係の処理に関する議論とパラレルに理解するようである。かかる見解の当否は別にして，株主総会決議の不存在の訴えを，決議取消の訴えとパラレルに理解することでは，判例も学説と同様の枠組みのようである。瑕疵の連鎖それ自体は，遡及効を有する株主総会決議取消の判決においても同様であり，このことは，計算書類等承認の株主総会決議取消の訴えの効力に関し，すでに最判昭和58年６月７日民集37巻５号517頁が述べているところであり（第５章７参照），瑕疵連鎖説は，前掲最判昭和58年６月７日の決議不存在の訴えへの当てはめにすぎない。瑕疵の連鎖その者を難詰するよりも，瑕疵が遮断される場面を各論的に議論していく方が，より生産的な議論のように思われる。

⑵そこで瑕疵が遮断される場面につき考えてみよう。本判決は，下線①の部分で述べる原則の例外たる「特別の事情」として下線②の部分が存在し，その中に，そのまた例外たる「特段の事情」として網掛けａの部分が入れ子になっている。整理すると，(i)後続総会が適法に行われた場合（下線①），(ii)いわゆる全員出席総会においてされた「等」の場合（網掛けａ）の２つが，瑕

疵が遮断される場合といえる。(i)は，株主総会決議取消の場合に関してであるが，すでに最判昭和45年４月２日民集24巻４号223頁（６（76頁）を参照）が，「役員選任の総会決議取消の訴が係属中，その決議に基づいて選任された取締役ら役員がすべて任期満了により退任し，その後の株主総会の決議によつて取締役ら役員が新たに選任され，その結果，取消を求める選任決議に基づく取締役ら役員がもはや現存しなくなつたときは，…………特別の事情のないかぎり，決議取消の訴は実益なきに帰し，訴の利益を欠くに至る」旨明言する。

筆者は，前に別稿で，前掲最判昭和45年４月２日の射程が株主総会不存在の訴えに及ばないものと論じたが（松嶋・判批・判タ1048号180頁），最近の裁判例（最判令和２年９月３日民集74巻６号1557頁，東京地判平成30年９月６日金判1559号47頁）では，逆に瑕疵の連鎖に関する原則を取消の訴えにも押し及ぼす形で，不存在と取消との平仄合わせを図り，結果として，事実上前掲最判昭和45年４月２日を否定するかのような判断も登場している。もともと取消と不存在との違いは瑕疵の軽重の違いであり，相対的なものにすぎない。前掲最判昭和45年４月２日の判例としての存在意義につき，再考が必要な時期かもしれない。前掲最判昭和45年４月２日については，６で検討してみたい。

⑶他方，(ii)につき，判旨自身が全員出席総会を例として挙げるが，この他に，株主による招集（会社法297）等，取締役以外の者による招集により，瑕疵の連鎖をシャットアウトする場面も考

えられよう。

⑷なお，下線③の「併合されているとき」の部分の意味につき，後続決議を争う決議と併合されていることが，先行決議についての訴えの利益を認める要件であるか否かにつき，理解が分かれうる。両論ありうるところであり、今後の判例の動向が注目される。

6

取締役の退任と株主総会決議取消しの訴えにおける訴えの利益

訴えの利益が事後的になくなった場合の対応

Case

1　Y株式会社は，青果物及びその加工品，花卉，塩干物，乾物，鳥卵の購入，販売，販売受託，保管，貯蔵等，並びにこれに関連する事業を行うことを目的として設立されたものであり，同会社の発行する株式総数は2,000株，発行済株式総数も同じく2,000株，資本額100万円である。Xは，Y会社の株式412株を有する株主であり，Y会社創立以来，令和X年の定時株主総会（本件定時総会）まで同社の取締役であった。

2　本件定時総会において，Xは，取締役に選任されず，代わって，A，B，C，D，E，F，G（Aら）を取締役に選任する旨の決議がなされた。

Xは，本件定時総会決議には，下記の取消事由があるとして，株主総会決議取消しの訴えを求め，裁判所に提訴した。

① 本件定時総会の招集は，会社法の規定（会社法298①④）に反し，取締役会の決議なくして行われた。

② 本件定時総会の招集通知は，会社法の規定（会社法299①）に反し，会日のわずか４日前に発せられた。

③ Ｘは他の株主とともに累積投票によることを求める権利を有していたのに，その権利を行使する機会を奪われた。

④ 本件定時総会決議は，一株一議決権を定めた会社法の規定（会社法308①本文）に反し，一人一票の投票によって決された。

3　Ｙ社の定款には，取締役の任期が２か年と規定されていたところ，同期間が経過し，Ａらの取締役としての任期が満了した。そして，令和（Ｘ＋２）年の定時株主総会において，改めて役員選任決議がなされ，Ａらは，再び取締役に選任された。

1．はじめに

民事訴訟法上，本案判決をなすためには，訴訟要件を具備することが必要とされるところ，訴訟要件の一つに訴えの利益がある。この訴えの利益とは，紛争解決のために，本案判決をすることの必要性・実効性を，個々の請求内容につき吟味するために設けられた要件である。株主総会決議取消しの訴えは，取消しという法律関係の変動を求める形成の訴えであり，形成の訴えにおける法律関係の変動要因は，個々の形成原因として法文中に規定されている。したがって，形成の訴えにおける訴えの利益（形成の利益）は，所定の要件（形成原因）が具備されていれば，原則として存在する。

ただ，訴訟係属後の事情の変化により，訴えの目的である法律関係を変動せしめることが無意味になるときは，訴えの利益が事後的になくなる場合がありうる。本Caseでは，まさにこのことが問われている。

２．最高裁の立場

本Caseは最判昭和45年４月２日民集24巻４号223頁を題材としたものであり，対象となった定時株主総会決議は昭和40年に開催されている。原々審（福岡地甘木支判昭和43年１月26日民集24巻２号228頁）は，前記①〜④を認定し，株主総会決議の取消しを認めたのに対し，原審（福岡高判昭和44年７月15日民集24巻４号236頁）が，訴えの利益を欠くとし，上告審たる前掲最判昭和45年４月２日は，下記のとおり，原審の立場を是認した。「株主総会決議取消の訴は形成の訴であるが，役員選任の総会決議取消の訴が係属中，その決議に基づいて選任された取締役ら役員がすべて任期満了により退任し，その後の株主総会の決議によつて取締役ら役員が新たに選任され，その結果，取消を求める選任決議に基づく取締役ら役員がもはや現存しなくなつたときは，右の場合に該当するものとして，特別の事情のないかぎり，決議取消の訴は実益なきに帰し，訴の利益を欠くに至るものと解するを相当とする。」

前掲最判昭和45年４月２日の立場を前提とすると，本Caseにおいても，訴えの利益がないとして却下の訴訟判決が下されることとなろう。

３．解　説

⑴前掲最判昭和45年４月２日は，訴えの利益の訴訟要件性（訴訟要件は，本案判決をなすための要件であるということ）を重視した帰結といってよい。しかし，全ての訴訟要件が職権調査事項とされているわけではないし（不起訴特約等のように，抗弁事項とされているものも存在する。），実際の審理において，訴訟要件に関する審理が本案の審理に常に先立つわけでもない。本案の審理が先行し，訴えの利益の判断に先立ち，本案につき裁判所の心証が形成されることも十分にありうる。それにもかかわらず，本Caseにおけるように，前掲最判昭和45年４月２日の事案に関するように，本案に関する審理が進み，本案に関する結論にまで至っている場合，突然，訴えの利益を持ち出して，門前払いにするのは，不合理ではなかろうか。そもそも，訴えの利益とは，本案判決をすることの必要性・実効性につき，「個々の」請求内容につき吟味するためのものなのである。

⑵また，前掲最判昭和45年４月２日の立場を推し進めると，対象となった取締役を辞任させることにより，決議取消しの訴えにおける訴えの利益を喪失させるといった濫用的な訴訟戦術す

ら可能になってしまう（現に，東京高判令和元年10月17日金判1582号30頁では，取締役選任決議により選任された者が取締役を辞任した以上，当該決議が存在しないことの確認を求める訴え及び当該決議の取消しを求める訴えについては，特段の事情のない限り，訴えの利益が失われるとの判示がなされている。）。前掲最判昭和45年４月２日の原審（福岡高判昭和44年７月15日）は，当該事案につき，「選任された役員が，本件決議にもとづく役員と同一であるからといえ，本件決議の瑕疵を免れようとする意図で改めて選任手続をやりなおしたものではなく任期満了にもとづく改選であつた」と述べているが，前記下線部の判示は，すでに当時から，かかる懸念が存在していたことを物語っている。

⑶確かに，すでに再任されているので，決議を取り消したとしても，意味がないという前掲最判昭和45年４月２日にも一理があろう。しかし，裁判所の判断は，単に裁判であるだけでなく，当事者間において，今後の指針としても機能しうる。判決後にも当事者の間でドラマは続いていくのである。

本Caseについてみれば，前記①～④の瑕疵は，いずれも軽微といえるものではなく，このことは，Ｙ社のガバナンス体制に大きな問題があることを雄弁に示している。そして，その瑕疵を認定した原々審の判断は，確定していないとはいえ，裁判所による判断であるところから，Ｙ社の今後のガバナンスを考える際の一つの基準として，十分に働きうると思われる。しかるに，前掲最判昭和45年４月２日によると，かかる基準の存在すら消すことになってしまう。行政訴訟の分野においては，安易な原告適格欠如を戒める規定（行政事件訴訟法９②）や，請求を棄却しつつも処分の違法を述べることを許容する規定（事情判決:同法31)が存在する。分野は違うものの,かかるアイディアは会社訴訟においてもっと積極的に取り入れられるべきであろう。

【追記】

最判令和２年９月３日民集74巻６号1557頁は，「事業協同組合の理事を選出する選挙の取消しを求める訴えに，同選挙が取り消されるべきものであることを理由として後任理事又は監事を選出する後行の選挙の効力を争う訴えが併合されている場合には，後行の選挙がいわゆる全員出席総会においてされたなどの特段の事情がない限り，先行の選挙の取消しを求める訴えの利益は消滅しない。」旨判示した。

この判決の射程が会社法に及ぶ場合,前掲最判昭和45年４月２日の今日的妥当性が改めて議論とされよう。

7

株主総会の招集における通知漏れと決議の効力

取締役の一人に対する招集通知が漏れた場合の取締役会決議は無効か

Case

1　Y株式会社は，取締役会設置会社であり，その取締役はＡＢＣ他３名の計６名である。

2　Y社の代表取締役は，従来Ｂであったが，資金関係等の事情により，Ａに交代することとなった。交代後，代表取締役に就任したＡは，自身が代表取締役に就任して間もないところから，Ｂを名目的に取締役として残留させるとともに，同社の業務執行を，もっぱら，側近である他３名の取締役とともに行ってきた。

3　Y社は，主たる事業であるロープウェイの建設等にかかる資金不足を補う必要があったところ，当時の同社の状況としては，Ａが代表取締役を務めるＸ株式会社から借り入れるよりほかに選択肢がなかった。そこで，Y社は，Ｘ株式会社から金3,000万円を借り入れ（本件消費貸借），その支払のため，約束手形を振り出すことにした。本件で争点となった約束手形（本件約束手形）は，その一部である。

4　Ｙ社Ｘ社の取締役が共通するところから，Ｙ社にとって，（イ）本件消費貸借及び（ロ）その支払のための約束手形の振出は，利益相反取引に該当する。そのため，Ｙ社の取締役会（本件取締役会）において，（イ）及び（ロ）につき承認がなされた。ただ，当時の取締役の１人であるＢに対し招集通知をせず，結果として，Ｂ及び取締役Ｃが出席しないまま承認の決議がなされた。

5　その後，振り出された約束手形は，支払の繰延べのため数回にわたり書き換えられ，最終的には本件約束手形２通（金100万円のもの及び金80万円のもの）となった。Ｘ社は，これ以上の支払の繰延べには応ぜず，前記最終の約束手形２通に基づき，適法に支払呈示を行い，Ｙ社による手形金の支払がなかったところから，Ｙ社に対し，手形金の支払を求め，訴訟を提起した。

1．はじめに

本Caseにおける（イ）及び（ロ）は，利益相反取引（会社法356①三：間接取引）に該当し（もっとも（ロ）が利益相反取引に該当するかについては，手形法学上議論がありうるが，ここでは立ち入らない），取締役会設置会社の場合，取締役会における承認（同法365①）と事後の報告（同条②）が要求される。取締役会の承認決議は，議決に加わることができる取締役の過半数が出席した上で，その過半数をもって行うが（同法369①：なお，Ａは特別利害関係人に該当する。同条②），取締役会の開催にあたって，会日の１週間前までに取締役全員に対し，通知を発しなければならない（同法368①）。本Caseでは，取締役のうちＢに対する招集通知が漏れ，結果としてＢ及びＣが欠席した状態でなされている。このため，かかる瑕疵により，取締役会決議が無効になるかが問題とされる。

２．各審級の判断

⑴本Caseは，最判昭和44年12月２日民集23巻12号2396頁を題材としたものである。第一審（東京地判昭和42年４月３日民集23巻12号2402頁）は，本Caseの２及び３の事実を認定した上，「右不出席の二取締役に適法な招集通知がなされ，同人らが前記会合に出席したと仮定しても，前記承認の意思決定に影響がなかったものと認められる」とし，決議は有効になされたものと解し，Ｘの請求を認容した。

⑵他方，原審（東京高判昭和43年８月９日民集23巻12号2405頁）は，前記２及び３の事実につき言及せず，下記のとおり判示し，第一審判決を取り消し，Ｘの請求を棄却した。

「取締役会の開催については当時の取締役の一人であるＢに対し招集通知をせず，ＢおよびＣ取締役が出席しないまま決議がされたことは，Ｘ社の自認するところであるから，右取締役会における承認決議は，その招集手続が商法259条ノ２（現会社法368条）に違反し，無効であるというべく……，したがって，取締役会の有効な承認がないままされたX社主張の借金契約……ならびに該借金支払のための本件約束手形振出行為……は，すべて無効である。」

⑶他方，上告審たる前掲最判昭和44年12月2日は，原審判決を破棄し，下記のとおり判示した。

「取締役会の開催にあたり，取締役の一部の者に対する招集通知を欠くことにより，その招集手続に瑕疵があるときは，特段の事情のないかぎり，右瑕疵のある招集手続に基づいて開かれた①取締役会の決議は無効になると解すべきであるが，この場合においても，②その取締役が出席してもなお決議の結果に影響がないと認めるべき特段の事情があるときは，右の瑕疵は決議の効力に影響がないものとして，決議は有効になると解するのが相当である（最高裁判所昭和36年（オ）第1147号同39年8月28日第二小法廷判決，民集18巻7号1366頁参照)。」

その上で，最高裁は，Xが，原審で②の特段の事情を主張していたとした上で，原審が，Xのかかる主張につき格別の判断を示さないまま，本件取締役会決議を無効であると断定し，Xの請求を排斥したことにつき，結論に影響を及ぼす判断遺脱の違法がある上で，原判決を取り消し，原審に差し戻した。

3．検　討

⑴取締役会決議の瑕疵については，株主総会決議の瑕疵（会社法830，831）のように事由が法定されているわけではないが，本Caseにおけるような招集漏れが瑕疵を構成し，それが無効

事由となることについては，ほぼ異論がなく，問題は，有効としうる「特段の事情」を認めるか否かにある。そして，②の特段の事情がある場合に瑕疵の治癒を認めるという規範的判断は，前掲最判昭和44年12月２日に先立ち，同判決も引用する最判昭和39年８月28日民集18巻７号1366頁がすでに明らかにしているところである。前掲最判昭和39年８月28日は，中小企業等協同組合法に基づく協同組合の理事会の決議の効力が問題となった事案で，同法は，理事会の招集手続等につき，会社法の規定を準用している。

本判決の意義は，前掲最判昭和39年８月28日における規範的判断が，会社法における取締役会の決議においても妥当することを明らかにした上で，特段の事情がある場合に一事例を加えたことにあるといえよう。

⑵そこで本Caseについてみてみよう。会社の資金繰りが悪化した事情，代表取締役がＢからＡに交代した事情等が不明なので，推測を交えざるを得ないが，仮に，Ｂの下で経営が悪化し，その救済のため，ＡがＹ社の経営に携わり，その一環として，自らが代表者として関与するＸ社から資金提供させたという事案であれば，経営悪化につき経営責任を負わざるを得ないＢの不関与を理由に本件取締役会を無効とし，救済措置であったはずの（イ）及び（ロ）を無効にしてしまうのは，いかにもスワリが悪い。その意味で，前掲最判昭和44年12月２日の判断は是認できる。ただ，無効の瑕疵を治癒する例外的事情であるので，単なる数の多寡のみで，「特段の事情」ありとする趣旨ではな

いと推測されるものの，残留したＢの位置づけ，ＣがＹ社で果たしていた役割が判決文からは不明である。

社外取締役（会社法２十五）が本格導入され，その果たす役割が重視される今日，「特段の事情」は，一段と厳しく吟味される必要があるように思われる。

8

定款に記載なき財産引受けと追認の可否

自身の手続の懈怠を理由に債務を免れようとすることは許されない！

Case

1　Xは，たばこ製造機械及び小型ディーゼルエンジンの製造販売を業とし３つの工場を有する株式会社である。Xは，もっぱら後者の製造販売を行う甲工場の事業を一括して他に譲渡すべく，Aに対し新株式会社（Y）を設立して甲工場の事業を買い取るよう働きかけ，その結果，ＸＡ間で，次の内容の事業譲渡契約が締結された。

①	譲渡代金は３か月ごとに分割して４年間で支払う。
②	新会社（Y）が設立されたときは，新会社が前記契約に基づくAの権利義務の一切を引き継ぐ。

ただ，Xの契約担当者らは，会社法所定の規制を知らず，このため，Xは，前記事業譲渡契約をすることについて株主総会の決議による承認手続をとらなかった。前記手続をとろうとすれば，容易に実現しうる状況にあった。

2　その後まもなく，Ｙは，代表取締役をＡとする株式会社として設立登記を了し，前記事業譲渡契約に基づくすべての財産の引渡しを受け，事業を承継したが，前記事業譲渡契約につきＹの原始定款には財産引受けに関する事項が記載されていなかった。これは，Ａ（実質的にはＹの全株式を所有し，Ｙの設立及び当初の経営を掌理していた。）が会社法所定の規制を知らなかったことによるもので，反対者の存在などの特別の障害があったからではなかった。

3　Ｙは，当初１年ほどは順調な事業を続け，その間Ｘに対し前記事業譲渡契約につきなんら苦情を述べたことがなく，Ｘに対し譲渡代金の５分の１ほどを分割して支払った。しかし，その後，Ｙの収益は悪化するに至った。Ｘは，Ｙに対し未払譲渡代金の支払を５年間猶予し，分割返済することを認めたが，それにもかかわらず，経営者の内紛や従業員の大量退職などによって，Ｙは，昭和42年９月ころ事実上営業活動を停止するに至った。

4　そこで，ＸはＹに対し，未払代金の支払を求めて提訴したところ，Ｙは，第一審の口頭弁論期日（契約から９年後）において，初めて前記事業譲渡契約について原始定款に所定事項の記載がないことを理由とする無効事由を主張し，さらに，控訴審の口頭弁論期日（契約から20年後）において初めてＸが前記事業譲渡契約をするにつき株主総会の特別決議による承認手続を経由しなかったことを理由とする無効事由を主張するに至った。なお，Ｘ及びＹは，いずれもその株主・債権者等の会社の利害関係人から本件事業譲渡契約が無効であるなどとして問題にされたことは一度もなかった。

1．本Caseにおける無効主張の特殊性

本Caseは，最判昭和61年９月11日判タ624号127頁を素材としたものである。①Caseにおける事業譲渡契約は，ＡがＹの発起人組合の代表者として設立中のＹのために会社の設立を停止条件としてした積極消極両財産を含む事業財産を取得するものであるから，Ｙにとって，財産引受けに該当し，変態設立事項として，原始定款への記載を要する（会社法28二）。加えて，②同契約は，Ｙにとって事業の一部譲渡（旧商法の下では営業譲渡）に該当し，株主総会の特別決議を要する（同法467①二，309②十一）。①の違反は，会社法28条違反で無効となり，②の違反は，判例上，絶対無効とされる（最判昭和40年９月22日民集19巻６号1600頁：第５章１（142頁）参照）。ただ，Caseでは，①②の各手続の懈怠が，いずれも法の無知によるものであり，しかもそれらの無効主張が，長年月の後，Ｙによる契約上の債務履行を免れる方便として主張されており，そのまま無効とすると，当該事案の解決として不適切である。

2．最高裁の立場

前掲最判昭和61年９月11日は，①につき，財産引受けに該当

するとした上で，「本件営業譲渡契約は，Ｙの原始定款に同号所定の事項が記載されているのでなければ，無効であり，しかも，同条項が無効と定めるのは，広く株主・債権者等の会社の利害関係人の保護を目的とするものであるから，本件営業譲渡契約は何人との関係においても常に無効であつて，設立後のＹが追認したとしても，あるいはＹが譲渡代金債務の一部を履行し，譲り受けた目的物について使用若しくは消費，収益，処分又は権利の行使などしたとしても，これによつて有効となりうるものではないと解すべきである」，「本件営業譲渡契約は無効であつて，契約の当事者であるＹは，特段の事情のない限り，右の無効をいつでも主張することができるものというべきである」と判示するとともに，②についても，「株主総会の特別決議によつてこれを承認する手続を経由しているのでなければ，無効であり，しかも，その無効は，原始定款に記載のない財産引受と同様，広く株主・債権者等の会社の利害関係人の保護を目的とするものであるから，本件営業譲渡契約は何人との関係においても常に無効である」と解する。

その上で，前記事業譲渡契約の無効を主張することができない「特段の事情」の有無につき判断を進め，本件につき「Ｘは本件営業譲渡契約に基づく債務をすべて履行ずみであり，他方Ｙは右の履行について苦情を申し出たことがなく，また，Ｙは，本件営業譲渡契約が有効であることを前提に，Ｘに対し本件営業譲渡契約に基づく自己の債務を承認し，その履行として譲渡代金の一部を弁済し，かつ，譲り受けた製品・原材料等を販売又は消費し，しかも，Ｙは，原始定款に所定事項の記載がないことを理由とする無効事由については契約後約９年，株主総会の承認手続を経由していないことを理由とする無効事由については契約後約20年を経て，初めて主張するに至つたもの」であると小括する。そして，本件における無効主張は，「法が本来予定したＹ又はＸの株主・債権者等の利害関係人の利益を保護するという意図に基づいたものとは認められず，右違反に藉口して，専ら，既に遅滞に陥つた本件営業譲渡契約に基づく自己の残債務の履行を拒むためのものであると認められ，信義則に反し許されないものといわなければならない」として，前記「特段の事情」があると判断した。

3．コメント

本Caseにおいて，最高裁は，①については，契約後約９年，②については，契約後約20年を経ての各無効主張であったことを重視し，信義則を根拠に，無効主張を斥けた。「特段の事情」に関する事例判断であることが，民集登載とされなかった理由と推測される。

ただ，事例判断にせよ，時の経過により，①②の各絶対無効の瑕疵が相対化され，治癒を認めることから，会社法理論への影響はありうる。とりわけ①については，追認否定といいつつ，実質的には追認を肯定するといえるものであり，発起人の権限を狭く捉える最判昭和33年10月24日民集12巻14号3228頁（第３章５（120頁）参照）との整合性が問われることとなろう。

最後に，今日の観点からする当該事案の解決としては，設立に際し，むしろ現物出資であることを直截に認め（会社法28一），変態設立事項として定款に記載した上，検査役の調査が要しない例外（同法33⑩三）の活用を図るべきである。また，Caseにおける Y の財務状況は不明だが，悪辣な債務免脱の主張をするよりも，むしろ，早期に民事再生・事業再生等の早期の活用がなされるべきであったと思われる。

第３章
会社の設立・組織再編はトラブルのデパート！

～発起人の権限・再編時の債権者保護等の実例

1

法人格否認の法理

会社債権者保護を果たさない法人格は否認されて当然⁉

Case

Xは，木造瓦葺２階建店舗兼居宅１棟（床面積57.85㎡，２階46.28㎡：本件建物）の所有者である。Yは，株式会社であり，Xから本件建物を借り受け（本件店舗賃貸借契約），店舗として利用し（本件店舗），電機器具類販売業等を営む者である。

Yは，本来その代表者であるAの個人経営に係る「D屋」につき，税金の軽減を図る目的で設立された株式会社であり（いわゆる「法人成り」），会社とはいうものの，その実質は全くAの個人企業に外ならないものであった。そしてXも，「D屋」のAに本件店舗を賃貸したいと考えていた。

Xは，昭和41年初めころ，Yに対し，X自身の店舗拡張の必要等の事情を縷々説明し，Yは，X側の事情を了承した。そこで，昭和41年２月21日，XY間において，本件店舗賃貸借を合意解除すること，YはXに対して同年８月19日までに本件店舗を明け渡すことにつき合意が成立した。この合意に際し，Ａは同年８月19日までに必ず明け渡す旨の個人名義の書面をＹに差し入れた。

ところが，Ｙは，前記明渡猶予期間経過後も，前記明渡義務の履行をしないので，Ｘは，昭和41年11月29日，東京地方裁判所に対し，Ａを被告として，本件店舗の明渡を請求した（同裁判所昭和41年（ワ）第11544号事件）。この事件係属中，裁判所の和解勧告もあり，昭和42年３月４日，本件店舗賃貸借契約をあらためて合意解除することとし，かつ，「相手方」は昭和43年１月31日までにＸに対し本件店舗を明け渡すこと，前記明渡と引換にＸは相手方に金５万円の支払をすることにつき趣旨の和解が成立した。

ところが，Ａは前記和解成立数日後には早くも，「本件店舗はＹが借りているのだから，個人（Ａ）として使用している四畳半は明け渡すが，Ｙの使っている部分は明け渡さない。」などと主張した。

1．はじめに：問題の所在

株式会社は，法人とされ，法人格を有する（会社法３）。法人格は，事業者個人から，事業体を分離する役割を果たすとともに（分離原則），会社債権者から，株主となった事業者個人への追及を遮断する（倒産隔離機能：会社法104参照）。

ところで，最低資本金制度が必ずしも適切に機能しなかったわが国においては，Caseのように，実質零細個人企業が，株式会社へと「法人成り」する現象が広くみられる。「法人成り」のように，株式会社の倒産隔離機能が有限責任の対価である会社債権者保護を果たさずして利用される場合，会社債権者保護のための方策が必要となる。そのための切り札とされるのが，法人格否認の法理である。

2．最高裁判決にみる法人格否認の法理

法人格否認の法理とは，法人格の独立性を当該事案限りで否認する法理であり，最高裁は，昭和44年の判決（最判昭和44年２月27日民集23巻２号511頁）において，この法理を正式に承認した。Caseは，この判決の事案である。

最高裁は，法人格の付与は立法政策の問題であるという前提の下，「法人格が全くの形骸にすぎない場合①，またはそれが法律の適用を回避するために濫用されるが如き場合②においては，法人格を認めることは，法人格なるものの本来の目的に照らして許すべからざるものというべきであり，法人格を否認すべきことが要請される場合を生じる」とした上で（①を形骸化事例，②を濫用事例という），①の場合につき，「株式会社形態がいわば単なる藁人形に過ぎず，会社即個人であり，個人則会社であって，その実質が全く個人企業と認められるが如き場合を生じるのであって，このような場合，これと取引する相手方としては，その取引がはたして会社としてなされたか，または個人としてなされたか判然しないことすら多く，相手方の保護を必要」とし，「会社と

いう法的形態の背後に存在する実体たる個人に迫る必要を生じるときは，会社名義でなされた取引であっても，相手方は会社という法人格を否認して恰も法人格のないと同様，その取引をば背後者たる個人の行為であると認めて，その責任を追及することを得，そして，また，個人名義でなされた行為であっても，……直ちにその行為を会社の行為であると認め得る」旨明言する。

結論として，最高裁は，「会社とはいうものの，その実質は全くＡの個人企業に外ならないものであって，Ｘとしても，「Ｄ屋」のＡに右店舗を賃貸したと考えていた」ものであり，「その実体は背後に存するＡ個人に外ならないのであるから，ＸはＡ個人に対して右店舗の賃料を請求し得，また，その明渡請求の訴訟を提起し得るのであって………ＸとＡとの間に成立した前示裁判上の和解は，Ａ個人名義にてなされたにせよ，その行為はＹの行為と解し得るので」，Ｙは，本件店舗をＸに明け渡すべきとした。

3．事案としての本件の特徴

ここで，事案としての本件の特徴につき触れておこう。CaseにおけるＹの態度は，会社（Ｙ）と個人（Ａ）との区別を意識的に曖昧にし，使い分けようとするものである。他方，Ｘサイドにも，手抜かりはある。具体的には，訴訟提起にあたり，最初からＡＹの両名を被告としておけばよかったわけで，それをしなかったこと，和解に際し，利害関係人としてＡをも関与させておくべきであったのにそれをしなかったことの２点である。

ただ，かかる事情を考慮しても，なお，Ｙの悪質性は高いといわざるを得ない。とりわけ，裁判上の和解までした上で，義務履行の積極的回避を図った態様は，きわめて悪質であるといってよかろう。結論として，Ｘを救済する必要は高いといえる。

４．法人格否認の法理（形骸化事例）を支える具体的事実

かかる事情は，前掲最判昭和44年２月27日の判示においても，十分に踏まえられている。最高裁は，法人格が形骸化していると判断するにあたり，次の事実をあげている。

(ⅰ).	Ｘは，その所有する本件店舗を，昭和 36 年２月 20 日契約書の文言によればＹを賃借人とし，これに対し賃料１ケ月１万円にて賃貸したところ，Ｙは本来Ａが同人の経営した「Ｄ屋」についての税金の軽減を図る目的のため設立した株式会社で，Ａ自らがその代表取締役となったのであり，会社とはいうものの，その実質は全くＡの個人企業に外ならないものであった。
(ⅱ).	Ｘとしても，「Ｄ屋」のＡに本件店舗を賃貸したと考えていたこと
(ⅲ).	Ｘが右店舗を自己の用に供する必要上，昭和 41 年２月 20 日その店舗の明渡を請求したときも，Ａが同年８月 19 日までに必ず明渡す旨の個人名義の書面をＸに差し入れたこと
(ⅳ).	しかるに，その明渡がされないので，ＸはＡを被告として本件店舗明渡の訴訟を提起し，昭和 42 年３月４日当事者間にＡは昭和 43 年１月末日限りその明渡をなすべき旨の裁判上の和解が成立した。

これをみると「形骸化事例」は，単に「会社即個人」「個人即会社」の状態であれば，それだけで足りるとするものではないことが分かる。もしもそうであれば，(ⅰ). の事実だけで足りるはずである。「形骸化事例」に対しては，単に形骸化だけで法人格を否認して

しまうと，わが国の大多数の小規模株式会社（法人成りした会社）がみな法人格を否認されてしまうなどと批判されるが，そのような批判は当たらない。Caseにおいては,「法人成り」に関する(i).の事実に加え，(ii). 以降の各事実が合わさりはじめて,「形骸化事例」の要件を充足するものとされているのである。

そして，(ii). 以降の各事実が意味するところは，要は，法人成りの下におけるXの賃借主体の誤認（(ii). の事実）を，A（≒Y）が意図的に利用し，明渡の履行を避けようとした（(iii). 及び(iv). の事実）ということであり，3. で述べた本件の事案としての特徴が踏まえられているといってよい。

ただ，このように考えていくと,「形骸化事例」は，限りなく濫用事例に近づいていくことになり，2つの事例を区分する意味があるのかが問題とされることになる。

2

吸収分割における債権者保護と信義則

不採算部門を承継会社に承継させたはいいが、会社債権者保護が問題に！

Case

1　Xは，学校用品，教材の販売等を目的とする会社であり，Yは，土木建築請負業等を主たる事業とする会社である。Yの資本金は5,000万円，純資産の額は約８億5,000万円である。

2　XはYとの間で，XがYの設計等に基づいて老人ホーム用の建物（本件建物）を建築し，Yが有料老人ホーム等として使用する目的で本件建物をXから賃借する旨の契約（本件賃貸借契約）を締結した。本件賃貸借契約には，要旨次のような定めがある。

ア	賃貸期間は本件建物の引渡しの日から20年間とし，賃料は月額499万円（ただし当初５年間は月額450万円）として，毎月末日に翌月分を支払う。
イ	Yは，本件賃貸借契約に基づく権利の全部又は一部を第三者に譲渡したり，Xの文書による承諾を得た場合を除き本

イ	件建物の全部又は一部を第三者に転貸したりしてはならない。
ウ	本件建物は老人ホーム用であって他の用途に転用することが困難であること及びXは本件賃貸借契約が20年継続することを前提に投資していることから，Yは，原則として，本件賃貸借契約を中途で解約することができない。
エ	Yが本件賃貸借契約の契約当事者を実質的に変更した場合などには，Xは，催告をすることなく，本件賃貸借契約を解除することができる（本件解除条項）。
オ	本件賃貸借契約の開始から15年が経過する前に，Xが本件解除条項に基づき本件賃貸借契約を解除した場合は，Yは，Xに対し，15年分の賃料額から支払済みの賃料額を控除した金額を違約金として支払う（本件違約金条項）。

3　Xは，約6億円をかけて本件建物を建築し，Yに引き渡し，Yは，本件建物において有料老人ホームの運営事業（本件事業）を開始したところ，本件事業は，開始当初から業績不振が続いた。そこで，Yは，本件事業を会社分割によって別会社に承継させることを考え，Xにその旨を伝えて了承を求めたが，Xは了承しなかった。

4　そこでYは，資本金100万円を全額出資し，Z株式会社を設立し，Zとの間で，吸収分割契約を締結した（本件吸収分割契約）。本件吸収分割契約は，①本件事業に関する権利義務等（本件賃貸借契約の契約上の地位及び本件賃貸借契約に基づく権利義務を含む。）のほか1,900万円の預金債権がYからZに承継されることなどを内容とするものである他，②Yが本件事業に関する権利義務等について本件吸収分割の後は責任を負わないものとする旨の定めがあった。そしてＹは，本件吸収分割に関し，会社法所定の公告を行ったところ，期間内に異議を述べた債権者はおらず，予定どおりに本件吸収分割の効力が発生した。

なお，Ｙは，吸収分割効力発生時までの賃料を全額支払ったが，Ｚは，本件吸収分割の後，上記賃料の大部分を支払っておらず，未払金は合計1,450万円となっている。

5　そこでＸは，Ｙ及びＺに対し，Ｙが本件賃貸借契約の契約当事者を実質的に変更したことなどを理由に，本件解除条項に基づき本件賃貸借契約を解除する旨の意思表示をした上，本件違約金条項に基づく違約金債権（本件違約金債権）を被保全債権として，Ｙの第三債務者Ｗに対する請負代金債権につき，仮差押命令を申し立て，債権差押え決定が下された（原決定）。この決定に対し，Ｙは，本件吸収分割がされたことを理由に，本件違約金債権に係る債務を負わないと主張し，保全異議の申立てを行った。

１．問題の所在

Caseは，会社分割により，企業の不採算部門を承継会社に承継させた場合において，承継会社に承継される会社債権者の保護が問題となった事案であり，最決平成29年12月19日民集71巻10号2592頁を素材としている。Caseでは，会社分割所定の手続の履践の有無，解除条項等の契約条項による会社分割への制約の可否が問題とされる。

2．各審級の判断

⑴第一審（仙台地決平成29年２月６日民集71巻10号2605頁）は，債権者Ｘにつき，「現に本件会社分割がされた以上，債権者としては，自らの債権を保全するためには，まずは会社法789条１項２号所定の債権者の異議を述べるべき」で，「債権者は債務者に対し15年分の賃料相当額の期限等が付された債権を有していたとみることができるから，本件会社分割当時，賃料滞納がなかったとしても，債権者は異議を述べることが可能であった」とした上，本件解除条項につき，「会社分割が会社組織に係る包括承継の制度であり，契約上の権利の移転に相手方の同意を要する契約（民法625①）ですら，相手方の承諾なく権利の承継が可能であることに鑑みると，会社との契約により，あらかじめ会社分割を禁じたり，承継の対象とされる権利義務を制限したりしても，これが会社分割の効果に消長を来すことはな」いと判示し，原決定を取り消した。

⑵他方，原審（仙台高決平成29年３月17日民集71巻10号2612頁）は，「老人ホームの経営状況からすると会社分割という方法をとらざるを得ない旨をＸ側に伝えたとしても，Ｘとの間で上記特約付きの本件契約を締結している以上，Ｘに対し具体的な分割契約の内容や異議の申立期間等を告知するなど，Ｘに実質的な異議申立の機会を保障すべきであるのに，かえって「知れたる債権者は存在しない」として個別催告をしなかった」とＹサイドの事情を認定した上，「Ｙは，本件会社分割の効力の問題は別として，Ｙの収入，資産，信用等を基礎とした各種条項が付加

された本件契約を締結したことにより，会社分割の場合を含む「実質的な契約主体の変更」をＸの同意なしで行うことは許されないという本件契約上の義務を負っていた」と認定し，第一審と逆の判断を下した。

⑶そして，上告審である前掲最決平成29年12月19日は，吸収分割と解除との関係につき，下記の３つの事実を認定した上で，かかる事実の下では，「ＹがＸに対し，本件吸収分割がされたことを理由に本件違約金債権に係る債務を負わないと主張することは，信義則に反して許されず，Ｘは，本件吸収分割の後も，Ｙに対して同債務の履行を請求することができる」ものと判示した。

①	Ｘは長期にわたってＹに上記建物を賃貸しその賃料によって上記建物の建築費用を回収することを予定していたと解され，Ｘが上記定めを設けたのは賃借人の変更による不利益を回避することを意図していたものといえ，ＹもＸの上記のような意図を理解した上で上記賃貸借契約を締結したものといえる。
②	Ｚは，上記吸収分割の前の資本金が100万円であって，上記吸収分割によって上記違約金債権の額を大幅に下回る額の資産しかＹから承継しておらず，同債権に係る債務の支払能力を欠くことが明らかである。
③	Ｘは，上記違約金債権を有しているとして，Ｙに対し，上記吸収分割について会社法789条１項２号の規定による異議を述べることができたとは解されない。

３．コメント

会社法は，会社分割における債権者の救済は，異議申立てとそれに対応する担保提供により図るのが原則とされている（会社法

789⑤)。Caseにおいては X にその機会が保障されていたかが問題とされている。前掲最決平成29年12月19日は，異議申し立てが理論的にできたかどうかを横に置き，Y が積極的に妨げたという認定の下,信義則により具体的解決を図ったものと理解できる。理論的には，この他に，会社分割を制約する契約条項が分割により影響を受けるかも問題であるが，信義則を用いることにより，この問題も「玉虫色」の解決となり，曖昧なままとなっている。X が多額の資本投下をし，転業ができない状態であること，Y の前記態度を考慮すれば，結論は妥当であるが，あまり射程を広く捉えるべき判決ではないように思われる。

3

濫用的会社分割と詐害行為取消権

採算部門が新設分割会社へ引越しし，置き去りとされた会社債権者保護が問題に！

Case

1　Zは，パチスロ業を営む株式会社である。Zは，事業用不動産及び販売用不動産（両者をあわせて本件不動産：担保余力約3,300万円）の他に債務の引当てになるような特段の資産がなく，債務超過状態にあったところ，下記の内容の新設分割により，Yを設立した。

(1)	Yの資本金の額を100万円とし，発行株式の全部にあたる20株をZに割り当てる。
(2)	Zの営む不動産に関する事業をYに分割し，分割期日においてYに承継する。Yに承継される資産の中には，本件不動産が含まれる。
(3)	D（Zの代表取締役）をYの代表取締役とする。

2　Aは，Zに対し，保証債務履行請求権（４億5,500万円余）を有しており，Xは，Aからその管理・回収を委託されたサービサーである。もともとB信用組合が有限会社

Ｃに貸し付けた際，株式会社Ｅがこれに連帯保証をしたところ，⑴債権者に関し，ＢのＣに対する貸金債権が，株式会社整理回収機構（ＲＣＣ）からＡへと譲渡された結果，保証債務の随伴性により，Ａが保証債務履行請求権者となり，⑵債務者に関して，ＺがＥを吸収合併し，本件保証契約に基づく保証債務を承継した。

３　分割期日においてＹが設立され，本件不動産につき，会社分割を原因とし，Ｙを所有権者とする所有権移転登記手続がされた。

４　Ｘは，Ｙに対し，新設分割により本件不動産を承継させたことが詐害行為に該当するとして，詐害行為取消権（民法424）に基づき，新設分割の取消しと本件不動産につき所有権移転登記の抹消登記手続を求め，提訴した。

１．問題の所在

本Caseは，最判平成24年10月12日民集66巻10号3311頁を素材としたものである。会社分割を用いて，企業の不採算部門と採算部門を切り分けることは，事業再生において広く行われている。２で取り上げた会社分割は，会社分割により，企業の不採算部門を承継会社に承継させたときに，承継会社に承継される会社債権者の保護が問題となった事案（最決平成29年12月19日民集71巻10号2592頁）であった。他方，本Caseでは，丁度その逆で，企業の採算部門が，新設分割会社に「お引越し」し，結果，承継されず置き去りとされた会社債権者の保護が問題となっている。

分割型新設分割（分割の対価としての株式の割当先が分割会社の株主である場合）ではない新設分割の場合（会社法763条１項12号イ及びロの定めのない新設分割），会社債権者は，引き続き分割会社（Z）に対し依然として債務の履行を請求できる以上，債権者異議の申立てをすることができない（会社法810①二参照）。Caseのような新設分割は，まさにこの点に着目したもので，平成17年の会社法制定以降横行し，濫用的（詐害的）会社分割として，是正が強く要請されてきた。そして，かかる要請に応えるべく，下級審裁判例では，法人格否認の法理，会社法22条の類推適用等様々な方策が採られてきた。

2．前掲最判平成24年10月12日の判示

かような中，前掲最判平成24年10月12日は，原々審（大阪地判平成21年８月26日民集66巻10号3329頁），原審（大阪高判平成21年12月22日民集66巻10号3350頁）の立場を是認し，最高裁として，詐害行為取消権の適用による解決がありうることを明確に示した。

「会社法上，新設分割の無効を主張する方法として，法律関係の画一的確定等の観点から原告適格や提訴期間を限定した新設分割無効の訴えが規定されているが（同法828①十），詐害行為取消権の行使によって新設分割を取り消したとしても，その取消しの効力は，新設分割による株式会社の設立の効力には何ら影響を及ぼすものではないというべきである。したがって，上記のように

債権者保護の必要性がある場合において，会社法上新設分割無効の訴えが規定されていることをもって，新設分割が詐害行為取消権行使の対象にならないと解することはできない。

そうすると，株式会社を設立する新設分割がされた場合において，新設分割設立株式会社にその債権に係る債務が承継されず，新設分割について異議を述べることもできない新設分割株式会社の債権者は，民法424条の規定により，詐害行為取消権を行使して新設分割を取り消すことができると解される。この場合においては，その債権の保全に必要な限度で新設分割設立株式会社への権利の承継の効力を否定することができるというべきである。」

3．検　討

⑴かかるスキームの詐害性は，前掲最判平成24年10月12日に付された須藤正彦裁判官の補足意見に的確に示されている。すなわち，「責任財産は，本件新設分割直前にＺが有していた一般財産の総体，つまり，本件不動産（担保余力分約3,300万円）及びその余の資産であって，共通のものであった」のに，「本件新設分割によって，その直前の時点でのＺに対する一般債権のうち，Ｙによって承継されない本件保証債務（約４億5,500万円）を含む債務に係る一般債権…（残存債権）と，承継された債務に係る一般債権…（本件承継債権）とは，その引当てとなる財産（責任財産）が異なること」になり，「本件新設分割によって，多額である本件残存債権の責任財産は，約3,300万円のものが100万円程度のもの（注：非公開会社であるＹの株式の評価額を

指す。）となってしまったのに対し，少額である本件承継債権のそれは約3,300万円のものが引き続き維持されることになったのである。要するに，本件新設分割における対価が相当であるとしても，Ｚの純資産（株式価値）は変動しないが，本件残存債権の責任財産は大幅に変動するなどの事態が生じ，かつ，本件残存債権の債権者と本件承継債権の債権者との間で著しい不平等が生ずるに至ったということである。」前掲最判平成24年10月12日は，かかるスキームの詐害性を端的に認め，詐害行為取消権の適用により，会社債権者の保護を図りうることを示し，妥当と解される。

⑵判示は，詐害行為取消権が適用しうることを示すだけで，前記の各方策につき言及していないので，これらの各方策による解決を否定するものではないと解される。ただ，詐害行為取消権による解決は，例えば，法人格を否認しうるか否かという二者択一に陥りがちな法人格否認の法理による解決よりも，商号（又はそれに類するもの）の「続用」を要件とせざるを得ない会社法22条の類推による解決よりも，より柔軟であり，より道具として「使いやすい」とはいえよう。

⑶前掲最判平成24年10月12日を受け，平成26年会社法改正において，「直接履行請求権」が認められた。すなわち，残存債権者から，吸収分割承継会社，新設分割設立会社に対し，承継した財産の額を限度として，債務の履行を請求することができ，これを「直接履行請求権」と呼ぶ（会社法759④，761④，764④，766④）。直接履行請求権は，前掲最判平成24年10月12日を条

文化した，いわば「制度化された詐害行為取消の価額賠償」といってよい。ただ厳密には，両者の間には，①直接履行請求権は，詐害行為取消権と異なり，裁判外の請求が可能であること，②法的倒産手続の開始決定により，手続が終了し，破産管財人等による受継がないこと（破産法45，民事再生法40の２，会社更生法52の２）といった違いがある。このため，直接履行請求権と詐害行為取消権とは，救済として併存すると解される。

なお，直接履行請求権の立法時に倒産法との関係について，踏み込んだ検討がなされなかったところから，倒産法改正に際し，管財人等が直接履行請求権を受継できる手続の新設，倒産手続開始決定後の管財人等からの直接履行請求権の新設，開始決定前になされた直接履行請求権との権利関係調整期間の新設等が提言されている。

4

会社分割に伴う労働契約承継

分割会社の労働者の理解と協力を得るための努力とは？

Case

1　Ｙ株式会社は，コンピューター製造・販売，システム開発等を目的とする株式会社であるところ，Ｙ社は，事業再編の一環として新設分割を行い，新設分割によって設立されるＡ株式会社に，Ｙ社のハードディスク事業（ＨＤＤ事業）部門を承継させることとした。その際，ＹのＨＤＤ事業部門の従業員との間の労働契約もＡ社に承継させる方針であった。

2　Ｙは，イントラネット上で，ＨＤＤ事業部門に関連する従業員向けに本件会社分割の内容及び雇用関係等に係る情報提供を開始するとともに，質問受付窓口を開設し，主な質問とそれに対する回答を掲載するなどした。また，Ｙは，その事業場に労働者の過半数で組織する労働組合がなかったことから，会社分割に伴う労働契約の承継等に関する法律（承継法）７条に定める労働者の理解と協力を得るよう努める措置（７条措置）を行うため，事業場ごとに従業員代表者を選出させ，当該代表者70人を４グループに分けて，各グループに対して本件会社分割の背景と目的，Ａ社の事業の概要，承継対象となる部署と今後の日程，承継される従業員のＡ社における処遇，承継される事業に主として従事する労働者か否かの判断基準，労使間で問題が生じた場合の問題解決の方法等について説明し，Ａ社の債務の履行の見込みに係る質問への回答も行った。そして，Ｙは，各種資料をまとめたデータベースをイントラネット上に設置して，従業員代表者が閲覧できるようにした。さらに，Ｙは，部門の中核となるＢ事業所の従業員代表者との間で，個別的にも協議を行い，同代表者から３回にわたり出された要望書に対し，回答書を送付した。当該協議の際，上記事業所の従業員代表者からは，Ａ社設立後の経営見通し，Ａ社への在籍出向によることの可否，承継後の労働条件等についての質問が出され，Ｙは，Ａ社が承継する資産等を含む経営見通しに関係する事情を説明したほか，在籍出向は考えていないこと，労働条件はそのまま維持されることなどを回答した。

３　Ｙは，ＨＤＤ事業部門のライン専門職に対し，商法附則（平成12年５月31日法律第90号）５条１項に定める労働者との協議（５条協議）のための資料として，Ａ社の就業規則案や上記従業員代表者への説明時に使用した説明資料を送付した。その上で，Ｙは，ライン専門職に対し，５条協議として，ライン従業員にこれらの資料を示すなどして説明した上で労働契約の承継に関する意向を確認すること，承継に納得しない従業員に対しては最低３回の協議を行うこと，各従業員の状況をＹに報告することを指示した。ライン専門職は，この指示に従って説明会を開き，多くの従業員は承継に同意した。

４　Ｘらは，いずれもＹのＨＤＤ事業に主として従事していた者であるところ，その所属する労働組合の支部を代理人として５条協議をすることとし，その結果，支部とＹとの間で７回にわたり協議がされるとともに，３回にわたる書面のやり取りがされた。この協議の中で，Ｙは，支部に対し，Ａ社の事業の概要に関わる事情やＸらが承継される事業に主として従事しているとの判断結果等について説明した。もっとも，Ｙは，一部の事項につき，支部が求めた形では回答せず，Ａ社の経営見通しについては，これに係る数値等は経営に係る機密事項であるから答えられないが，現状では同業他社と同様にＨＤＤ事業部門の売上げは低迷しているものの合弁の強みを生かすことでメリットが得られるなどとし，Ａ社における将来の労働条件については，労働者保護法理の適用がある中でＡ社が判断することであるなどと回答した。また，Ｙは，Ｘらを在籍出向又はＹ内での配置転換にしてほしいとの支部の求めには，応じられないとした。Ｘらは，Ｙから十分な説明がされず，協議も不誠実であるなどとして，Ｙに対し，Ｘらに係る労働契約の承継につき異議を申し立てる旨の書面を提出した。

5　Ｙは，会社分割に係る分割計画書を本店に備え置いた。分割計画書の添付書面には，Ｘらの雇用契約も承継される旨記載されており，また，債務の履行の見込みがあることに関しては，Ａ社が承継する資産と負債の簿価が記載されていた。そして，会社分割の登記がされ，Ａ社が設立された。

6　Ｘらは，上記労働契約は，その承継手続に瑕疵があるのでＡ社に承継されないと主張して，Ｙに対し，労働契約上の地位確認及び損害賠償を求めている。

1．はじめに

本Caseは，最判平成22年７月12日民集64巻５号1333頁を素材としたものである。使用者は，労働者の承諾を得なければ，その権利を第三者に譲り渡すことができないが（民法625①），会社分割は，包括承継であるので，前記民法の規定の適用がない。そこで，会社分割を用いることで，労働者の承諾を得ることなく，労働契約の承継を行うことができる（承継法３）。ただ，使用者の変更は，労働者に大きく影響を与えるところから，承継法は，分割会社に対し，その雇用する労働者の理解と協力を得るよう努めるべくCase記載の７条措置（承継法７）を，商法は，附則（平成12年５月31日法律第90号）において，労働者との協議（５条協議）を（附則５①），それぞれ求めている。Caseで問題となったのは，

①７条措置と５条協議との関係，②７条措置・５条協議の程度，そして③違反の場合の効果如何である。

２．前掲最判平成22年７月12日の概要

前掲最判平成22年７月12日は，まず①で，７条措置につき，努力義務を課したものにすぎないが，「７条措置において十分な情報提供等がされなかったがために５条協議がその実質を欠くことになったといった特段の事情がある場合に，５条協議義務違反の有無を判断する一事情として７条措置のいかんが問題になる」旨判示する。

次いで，②につき，「分割会社及び承継会社等が講ずべき当該分割会社が締結している労働契約及び労働協約の承継に関する措置の適切な実施を図るための指針」（平成12年労働省告示第127号）を基準として挙げた上で，Ｙが行った７条措置，５条協議のいずれも不十分であったとはいえないと結論付けた。

その上で③につき，下記のとおり判示する。「承継法３条所定の場合には労働者はその労働契約の承継に係る分割会社の決定に対して異議を申し出ることができない立場にあるが，上記のような５条協議の趣旨からすると，承継法３条は適正に５条協議が行われ当該労働者の保護が図られていることを当然の前提としているものと解される。この点に照らすと，上記立場にある特定の労働者との関係において５条協議が全く行われなかったときには，当該労働者は承継法３条の定める労働契約承継の効力を争うことができるものと解するのが相当である。

また，５条協議が行われた場合であっても，その際の分割会社からの説明や協議の内容が著しく不十分であるため，法が５条協議を求めた趣旨に反することが明らかな場合には，分割会社に５条協議義務の違反があったと評価してよく，当該労働者は承継法３条の定める労働契約承継の効力を争うことができるというべきである。」

3．コメント

Caseにおける事業再編の主たる眼目が，労働者のリストラにあることは明らかであり，会社分割は，そのための重要なツールである。最高裁が，③で，一般論ながら，組織再編の無効の手続によらず, 労働契約承継の効力を争いうることを許容したことは，かかるツールに制約がありうることを意味する。実務上，労働事件において，裁判所は，労働者の不利益の有無に重点を置いて判断するといわれるが，ここでも同様な態度がみられる。

Caseの場合は，Ｙが指針に照らし，相応の手続をとったことで，労働契約の承継が認められることになったわけだが，Caseにおける組合支部のような「外部組合」が介入してきた場合，会社としては，事実上，相当慎重な対応（神経戦）を強いられることになろう。

5

開業準備行為に関する発起人の権限と責任

「会社の赤ちゃん」である設立中の会社と会社とは同一の存在？

Case

1　Zは，各種織物の整錬売買等を業とする株式会社であり，Xは，プロ野球球団である甲球団を保有し，野球競技の興行等を目的とする株式会社である。

2　Xは，「Z株式会社取締役社長」と称するYとの間で，甲球団の非公式試合を行う旨の請負契約を締結し，同契約に基づき，前記非公式試合が実施されたが，Xに対し，報酬等の支払がなされなかった。

3　Xが，前記報酬等の支払を求めるべく，訴訟提起を準備していたところ，その過程で，Zは設立手続未了で設立登記を了していないという事実が判明した。Yは，Z株式会社を設立するに際し，その発起人に就任していたが，Zがまだ未設立の段階から，その代表取締役と称し，Z社名義で事実上営業活動しており，前記非公式試合も，将来設立されるＺの宣伝のため企図されたものであった。
４　その後Ｚは，無事設立された。Ｙは，Ｚが成立された以上，Ｙが発起人としてなした行為は，成立後の会社に帰属し，前記請負契約にかかる権利義務は成立後の会社であるＺに帰属するため，義務を負わない旨主張している。これに対し，Ｘは，前記請負契約締結は，Ｙの発起人としての権限外であり，Ｙがその責めを負う旨主張している。

1．同一性説と設立中の会社

発起人がその権限内でなした行為は，成立後の会社に帰属する（他人効）。他人効を発生させる制度として，法は代理制度を用意するが（民法99以下），発起人の行為により生じる他人効を代理で説明することはできない。代理による他人効が生じるためには，行為に先立ち，本人（本件ではＺに相当）による授権が必要であるところ（民法99），Ｙの行為時にまだＺは未設立であり，存在していないからである。

そこで他人効の説明のため，別の工夫が必要となる。通説的見解は，会社の設立手続を自然人の出生とパラレルに理解しようとする。すなわち，自然人の場合，母体中の胎児が出生により人になるが（民法３①），出生前の胎児と出生後の人（赤ちゃん）とは，同一の存在である。これと同様に，会社の場合も，「会社の胎児」が設立登記（会社法49）により会社になるが，「会社の胎児」と会社とは，同一の存在である。そして，この「会社の胎児」を，設立中の会社（一種の権利能力なき社団）と観念し，発起人をその機関と位置づけようとする。これにより，設立中の会社の機関である発起人が権限内でなした行為は，成立後の会社に支障なく帰属させられ，ここに他人効が理論的破綻なく説明できる。このような考え方を同一性説という。

その際，問題となるのは，発起人の権限の範囲いかんであり，Caseでは，このことが問われている（本Caseは，最判昭和33年10月24日民集12巻14号3228頁を素材としている）。

２．発起人の権限

発起人の権限の範囲に関しては，学説上，法律上必要な行為に限られるとする見解（Ａ説），法律上・経済上必要な行為（設立事務所の賃借）に限られるとする見解（Ｂ説），開業準備行為全般に及ぶとする見解（Ｃ説）等がありうる。ちなみに，本Caseにおける野球の非公式試合開催にかかる契約は，Ｚの宣伝のためになされたものであり，開業準備行為に分類される。

この点につき，前掲最判昭和33年10月24日は，「本件契約は，会社の設立に関する行為といえないから，その効果は，設立後の会社に当然帰属すべきいわれはな」いと簡単に言及する。前掲最判昭和33年10月24日が，Ｃ説を採用していないことは明らかであるものの，Ａ説Ｂ説のいずれであるかについては不明である。ただ，両説の違いはわずかであり，誤差といってもよい。

これに対し，Ｃ説は，Ａ説Ｂ説と全く異なった発想に立脚している。すなわち，Ａ説Ｂ説が，有限責任の事業体（会社法104）

である株式会社を生み出す設立手続においては，何よりもまず会社財産の充実こそが図られるべきであるとの発想に立つのに対し，C説は，設立手続を，会社が成立したその日から直ちに事業活動できるようにするための手続と理解し，そのためには，開業準備行為を積極的になしうるべきと考えているのである。

そして，このように理解するとき，前掲最判昭和33年10月24日の判示は，C説的な設立手続の把握を明確に否定したクリアな判断であると評価できるように思われる。

3．発起人の責任

前掲最判昭和33年10月24日のように把握するとき，開業準備行為は，法が変態設立事項として，厳格に規律する財産引受け（会社法28二）の場合を例外として，発起人の権限外となる。本Caseにおける開業準備行為もまたしかりである。開業準備行為に関する権利義務は，成立後の会社（Z）には帰属しない。その場合，次に，行為者である発起人（Y）の責任の有無が問題となる。

前掲最判昭和33年10月24日は，前記判示に続き，下記のとおり判示する。

「結局，右契約は上告人が無権代理人としてなした行為に類似するものというべきである。尤も，民法117条は，元来は実在する他人の代理人として契約した場合の規定であつて，本件の如く未だ存在しない会社の代表者として契約した上告人は，本来の無権代理人には当らないけれども，同条はもつぱら，代理人であると信じてこれと契約した相手方を保護する趣旨に出たものであるから，これと類似の関係にある本件契約についても，同条の類推適用により，前記会社の代表者として契約した上告人がその責に任ずべきものと解するを相当とする。それ故，右と同趣旨に出た原判決は正当であつて，論旨は理由がない。」

Ｙが，Ｚの発起人の肩書で行為をしていたのであれば，発起人という名称それ自体が会社の未成立を示しているところから，相手方（Ｘ）の悪意・過失をも招来させることになる（仮に，本件で民法117条１項を直接適用すると，同時に２項が適用され，Ｙは責任を負わないことになってしまう）。

しかし，本件でＹは，「Ｚ株式会社取締役社長」の肩書で行為をしていた。このことと，取引に際し，いちいち登記をチェックするのは煩瑣であり，実際的でないことを考え合わせれば，前記肩書を用い，意図的に，会社がすでに設立済みであるかのごとく装い行為をしたＹの帰責性は大きいといわなければならない。Ｚが責任を負わないという前提に立つ限り，Ｙの責任を何らかの形で認めるべきであり，前掲最判昭和33年10月24日のいう類推適用は，そのための工夫として，評価されるべきと考える。

４　残された問題

本Caseの素材となった前掲最判昭和33年10月24日の事案では，Ｚが，何ら不動産等財産を有していない一方，Ｙ名義の不動産が存在するようである。ＹとＺとの間の責任のなすりあいという事案につき，Ｙに尻拭いをさせる前掲最判昭和33年10月24日の価値判断の背景には，かような考慮もあったのかもしれない。

他方，ＹＺの資産状態が逆であった場合には，かかる解決はＸの救済に繋がらない可能性が高い。また，前掲最判昭和33年10月24日の価値判断を前提としたとしても，会社成立後，Ｚが追認できるかは，別に検討する必要がある。これらについては第２章８（88頁）を参照されたい。

第 4 章

商号は誰のもの？

～商号続用規制・名板貸責任等の実例

1

スーパー・テナント関係に対する名板貸責任の類推適用

そもそも「名」を借りていたといえるか否か

Case

1．Yは，チェーンストア形式による総合小売業などを営む株式会社であり，「スーパーマーケットY」（本件店舗）を営んでいた。本件店舗は，地上４階建てで，屋上にも売場が設けられている。Yは，本件店舗内に直営の売場のほか，いわゆるテナントに出店させていた。

2．Zは，本件店舗のテナントとして，Yとの間で出店及び店舗使用に関する契約を締結し，「Aペット」の店名又は屋号で，本件店舗屋上の一部においてペットショップを営んでいた。本件店舗の外部には，Yの商標を表示した大きな看板が掲げられており，テナント名は表示されていなかった。

3．Zの営業に関し，Yと区別する表示は，次のとおりになされていた。

⑴対面販売：本件店舗のＹ直営の売場では，原則として，いわゆるスーパーマーケット販売方式（顧客が，スーパー専用の買物かごを持ち，購入する商品を買物かごに入れ，その階のレジで代金を一括して支払う方式）で営業されていたが，Ｚなどテナントの売場では，それぞれ独自のレジを設け，対面販売方式で営業を行っていた。

⑵販売時の表示：①．本件店舗のＹ直営の売場では，原則として従業員が制服と名札を着用していたのに対し，Ｚにおいては，Ｙの制服や名札を着用せず，また，②．「Ａペット」と表示されたレシートを発行し，③．包装紙や代済みテープもＹのものとは異なるものを使用していた。

⑶看板：Ｚの売場の天井からはテナント名を書いた看板がつり下げられており，また，本件店舗内数箇所に設けられた館内表示板には，テナント名も記載され，Ｙの販売する商品は黒文字で，テナント名は青文字で表示されていたが，天井からの看板は，横約40センチメートル，縦約30センチメートルという大きさであった。

４．Ｘは，Ｚから，手乗りインコ２羽を購入して飼育していたところ，インコがオウム病クラミジアを保有していたため，Ｘの家族全員がオウム病性肺炎にかかった。そして，Ｘの妻は，同肺炎により死亡した。

そこで，Ｘは，Ｙに対し，損害賠償を求め訴訟提起した。

１．名板貸とは

会社法９条（商法14条もほぼ同文）は，「自己の商号を使用して事業又は営業を行うことを他人に許諾した会社は，当該会社が当該事業を行うものと誤認して当該他人と取引をした者に対し，当該他人と連帯して，当該取引によって生じた債務を弁済する責任を負う」旨規定し，これを「名板貸」という。もともと取引所のようなメンバーシップ制をとる取引形態において，非会員が会員から，会員資格（名板）を借りて，取引をするという状況を念頭に置き，貸した会員の責任を規定するものであり，権利外観法理の一場面である。Caseで争点となっているのは，ＺがＹの「名」を借りていたといえるかである。

２．最判平成７年11月30日
民集49巻９号2972頁の内容

⑴Caseの元となった最判平成７年11月30日民集49巻９号2972頁は，Ｚにつき，「本件店舗の内部においても，本件店舗の４階から屋上に上がる階段の登り口に設置された屋上案内板や右階段の踊り場の壁には，「ペットショップ」とだけ表示されていて，その営業主体がＹであるかＺであるかは明らかにされておらず，そのほか，Ｚは，Ｙの黙認の下に，契約場所を大きくはみ出し，４階から屋上に上がる階段の踊り場等に値札を付けた商品を置き，契約場所以外の壁に「大売出し」と大書した紙を何枚も張りつけるなどして，営業をしていたというのである。これら事実は，買物客に対し，Ｚの営業があたかもＹの営

業の一部門であるかのような外観を与える事実ということができる」旨判示する。

⑵その上で，Ｚの営業形態のうち，対面販売，販売時の表示，看板の表示につき，それぞれ下記表のとおり述べ，「これら事実は，これを個々的にみても，また総合してみても，買物客にとって，Ｚの売場の営業主体がＹでないことを外観上認識するに足りる事実ということはできない」と小括し，結論として，「本件においては，一般の買物客がＺの経営するペットショップの営業主体はＹであると誤認するのもやむを得ないような外観が存在したというべきである。そして，Ｙは，…本件店舗の外部にＹの商標を表示し，Ｚとの間において，…外観を作出し，又はその作出に関与していたのであるから，Ｙは，商法23条（現会社法９）の類推適用により，買物客とＺとの取引に関して名板貸人と同様の責任を負わなければならない」旨判示する。

対面販売	ペットは，その性質上，スーパーマーケット販売方式になじまないものであって，仮にＹがそれを販売するにしても，対面販売の方式が採られてもしかるべきものといえるから，このことから買物客が営業主体を外観上区別することができるとはいえない。
販売時の表示	（制服）：営業主体が同一の売場であっても，その売場で取り扱う商品の種類や性質によっては，他の売場の従業員と同一の制服等を着用していないことは，世上ままあり得ることであって，このことも買物客にとって営業主体を外観上区別するに足りるものとはいえない。
	（レシート）：レシート上の名称は，目立ちにくい上，買物客も大きな注意を払わないのが一般であって，営業主体を区別する外観としての意味はほとんどない。
	（代済みテープ）：買物客にとってはＹの包装紙等と比較して初めて判明する事柄であって，両者の営業を外観上区別するに足りるものとはいい難い。
看板	天井からの看板は，……比較的目立ちにくいものといえるし，館内表示板は，テナント名のみを色で区別して記載しているにすぎないから，買物客に対し営業主体の区別を外観上明らかにしているものとまではいい得ない。

3．検　討

⑴テナントビジネスは，スーパー，デパートのみならず，ショッピングセンター，ショッピングモール等，至る所でみられる。Caseにおけるように店舗の一部を貸すケースもあれば，ハコ全体がテナントで占められているケースまで様々である。これらの多くの場合，各テナントは，当該ハコの中で，それぞれ自己の名で事業を営んでおり，本来であれば，名板の貸借＝商号の使用許諾の問題は生じない。しかし，零細なテナント（Z）よりもハコ貸業者（Y）の方が知名度において優っており，一般消費者も，後者の名を信頼してショッピングを行うはずである。

前掲最判平成7年11月30日は，そのような状況に鑑み，名板貸制度の外観法理としての性質に比重を置いて判断をしたものである。外観法理としては，極限ともいえるケースではあるまいか。

⑵知財法では，直接的な行為者以外の間接侵害者（幇助者・教唆者）を差止めや損害賠償請求の対象として捕捉するための理論として，「カラオケ法理」（直接行為者を手足や道具として操っている者のみならず，直接行為者の行為との間に管理支配関係と利益の帰属が認められれば，直接的行為者と同視し侵害主体性を認めるという法理）が存在するところ（最判昭和63年3月15日民集42巻3号199頁），近時の裁判例は，インターネットショッピングモールの出店者の商標権侵害に対する運営者の責任に関しても，かかる法理を押し及ぼす（知財高判平成24年2月14日判タ1404号

217頁)。モールが，リアルか（Case）ヴァーチャルかで出発点は異なるが，期せずして，類似した理屈だてとなる。そして，両者とも，その背後に，消費者保護的な判断が看取される点でも共通する。

⑶Caseにおいて，Ｙは，考えられうる限りの，「Ｚとの区別」をしている。しかし前掲最判平成７年11月30日は，一般消費者目線から，それらの識別力をことごとく否定する。これ以上，識別力を強めることは，ハコ貸したるテナントビジネスを否定することにも繋がりかねない。Ｙとしては，Caseのような訴訟リスクは，保険で回避するほかあるまい。

2

ゴルフクラブの名称続用と商号続用規制の類推適用

事業名称が事業譲渡の前後で同じ場合に商号続用規制を適用できるか

Case

A株式会社は，「ギャラック」の商号で預託金会員制ゴルフクラブ「甲カントリークラブ」を運営する株式会社であり，Xは，Aに預託金1,300万円を提供し，甲カントリークラブ会員となった預託金債権者である。

Aは，前記ゴルフクラブ事業をY株式会社に譲渡することになった。Y株式会社は，「ギャラクシー」の商号を用いるが，前記ゴルフクラブの運営につき，「甲カントリークラブ」という従前からの名を活かしたゴルフクラブ事業を行うことにした。なお，Yが前記ゴルフクラブ事業を譲り受けるに際し，Aが本件クラブの会員に対して負担している預託金返還債務の引受けをしたという事実はない。

Xは，Aに対し，預託金返還請求の訴えを提起したところ，Aが不出頭のため，X勝訴の欠席判決がなされた。だが，X

がこの欠席判決に基づき，動産差押の民事執行をしたものの，執行不能であった。
　そこでXは，本件ゴルフクラブの名称を継続して使用しているYが，商号続用者の責任につき規定する会社法22条1項の類推適用により，前記預託金の返還義務を負うと主張して，前記預託金及び遅延損害金の支払を求め，Yに対し訴訟を提起した。

1．商号続用規制の趣旨と問題の所在

(1)会社法22条1項は，事業を譲り受けた会社（譲受会社）が譲渡会社の商号を引き続き使用する場合には，その譲受会社も，譲渡会社の事業によって生じた債務を弁済する責任を負う旨規定し，これを，商号続用規制という。商号続用規制の趣旨につき，判例は，商号が続用されている場合に，債務者が債権者の交代を知らなかったり，交替を知っていても債務引受があったと考えるのが通常であるところから，商号の続用という外観に対する債権者の信頼を保護する制度であると理解する（外観説：最判昭和29年10月7日民集8巻10号1795頁）。本条が適用・類推適用される場面は，債務者の弁済が危機的状況にある場合である。機能的には，本条は，かかる場面における詐害行為を，商号の続用という側面に着目して規制しようとしたものである。すなわち，本条は，詐害行為取消権（民法424）や法人格否認の法理（第3章1（96頁）参照）の代替的機能を果たしている。

⑵Caseにおいては，Ａ，Ｙの商号が，それぞれ「ギャラック」，「ギャラクシー」と類似しているが，同一ではなく，商号それ自体の続用はない。ただ，ゴルフクラブ事業の名称は，事業譲渡の前後を通じ，「甲カントリークラブ」と同一である。このことに着目し，商号続用規制を類推適用することができるかが，問われる。

２．最判平成16年２月20日民集58巻２号367頁

ここで，Caseのもととなった最判平成16年２月20日民集58巻２号367頁をみてみる。

この事案では，商号続用規制の適用を肯定した第１審（神戸地判平成13年７月18日金判1195号35頁）と，「ゴルフクラブの会員が，預託金の返還請求をする場合に信頼のよりどころとなるのは，ゴルフクラブの名称により表象されるブランドではなく，商号により表象されるゴルフ場の営業主体である」として否定した原審（大阪高判平成13年12月７日金判1195号34頁）とで，結論が分かれていたところ，上告審たる前掲最判平成16年２月20日は，下記のとおり判示し，類推適用を肯定した。

「預託金会員制のゴルフクラブが設けられているゴルフ場の営業においては，当該ゴルフクラブの名称は，そのゴルフクラブはもとより，ゴルフ場の施設やこれを経営する営業主体をも表示するものとして用いられることが少なくない。本件においても，前記の事実関係によれば，Ａから営業を譲り受けたＹは，本件クラブの名称を用いて本件ゴルフ場の経営をしているというのであ

り，同クラブの名称が同ゴルフ場の営業主体を表示するものとして用いられているとみることができる。このように，預託金会員制のゴルフクラブの名称がゴルフ場の営業主体を表示するものとして用いられている場合において，ゴルフ場の営業の譲渡がされ，譲渡人が用いていたゴルフクラブの名称を譲受人が継続して使用しているときには，譲受人が譲受後遅滞なく当該ゴルフクラブの会員によるゴルフ場施設の優先的利用を拒否したなどの特段の事情がない限り，会員において，同一の営業主体による営業が継続しているものと信じたり，営業主体の変更があったけれども譲受人により譲渡人の債務の引受けがされたと信じたりすることは，無理からぬものというべきである。したがって，譲受人は，上記特段の事情がない限り，商法26条１項（現会社法22①）の類推適用により，会員が譲渡人に交付した預託金の返還義務を負うものと解するのが相当である。」

3．Caseの検討

⑴経営不振に陥っている企業が，収益性の良い「事業」を有している場合，当該事業を事業譲渡（第５章１（142頁）参照）等の手法により，「切り出し」，別の会社に移転し，元の会社を清算するといった手法が用いられることがあり，これを「第二会社方式」という。これにより，収益性がよい「事業」の存続を図ることができる。第二会社方式の実施に際しては，メインバンク等会社債権者の理解が不可欠である。かかる理解がない状況下における第二会社方式の実施は，とりもなおさず会社債権者

に対する詐害行為といってよい。

Caseにおける事業譲渡スキームは，まさに預託債権者からの預託金返還請求権行使を避け，倒産を回避するためのものといってよく，会社債権者に対する詐害性は高い。

そして，Xのような預託金債権者は，金額が些少とはいえないものの，銀行のような情報収集力・交渉力を有していないという意味で，やはり，一般消費者と同様，一定の保護に値する債権者である。問題は，かかる預託金債権者の保護を，いかなる法理によって実現するかである。

⑵かような状況下において，前掲最判平成16年２月20日は，「ギャラック」「ギャラクシー」の類似性をもって続用規制を類推するのではなく（もっとも，かかる主張は，なされていなかったようである。），「甲カントリークラブ」という事業体の名称の続用をもって，商号続用規制の類推の基礎があると判断した。

ブランド戦略は，企業にとって重要課題であるところ，法は，「企業」のブランド保護として商号規制を用意している。ただ，ある種のビジネスにおいては，「企業」が，自身の商号と別の名称を「事業」の名称とするブランディング戦略を採用し，「企業」の商号よりも，企業が営む「事業」の名称の方が著名であるといった場合が存在する。Caseのゴルフクラブ事業がまさにそれであるが，他にもホテルやスポーツクラブ等をあげることができる。前掲最判平成16年２月20日が，事業の名称の続用に着目したのも，Caseの事業が，かかる種類のビジネスであったことが理由であると解される。

会社法22条２項は，「事業を譲り受けた後，遅滞なく，譲受会社がその本店の所在地において譲渡会社の債務を弁済する責任を負わない旨を登記した場合」には，商号続用規制を適用しないものとしており，これを受け商業登記法は，免責の登記を用意している（商業登記法31）。ただし，会社法22条１項の商号続用規制が類推適用される場合においては，免責の登記の利用はできず，譲受会社として，免責を受ける手段はほかに用意されていない。これらを総合すると，前掲最判平成16年２月20日における商号続用規制の類推適用は，預託金債権の返還逃れという悪質さ，ゴルフクラブ「事業」における（商号でなく）事業体名称の周知性といった特殊事情があって可能なのであると解される。

第 5 章

会社法務上の悩ましい問題あれこれ

1

事業譲渡の意義

組織再編とは明らかに違う事業譲渡は何をもって定義すべきか

Case

Xは，昭和26年１月30日に設立された，製材加工事業及びその製品の売買建築資材の加工販売等を業とする株式会社であり，発行済株式の総数は３万株，払込済資本の総額は150万円である。Xは，某郡において，製材工場を設置し，同工場を基盤として主に桶材の製造加工及び販売をしてきたところ，昭和28年12月，一時休業のやむなきに至った。そしてXは，昭和30年９月５日，Yとの間に使用貸借契約を締結し，これに基づき，Yに対し，本件物件（製材工場の土地建物，運搬用軌道設備）を貸与した。

昭和31年11月９日，Yは，Xとの間で，本件物件を代金580万円で買い取る旨の契約をし，即時に代金を支払った。本件物件は，同社の唯一ともいうべき工場であって，その敷地面積は約1,600余坪，工場建物は約６棟建坪約300余坪，備付の機械器具類は約数十点におよぶものであった。そして，このとき，Xを代表していたのは，X代表取締役のAであった。なお，本件物件の売却に関し，Xにおいては，株主総会，取締役会のいずれも開催されていなかった。

ところが，昭和31年12月24日，Xは，本件物件の譲渡は，事業譲渡に該当するにもかかわらず，株主総会の決議を経ておらず無効であるとした上で，工場を再開運営する必要が生じたため，使用貸借契約が終了したとして，Yに対し，本件物件の返還等を求める訴えを提起した。

1．はじめに

甲株式会社が，事業を別の乙株式会社に移転する方法としては，会社分割等の組織再編を用いる方法のほか，事業譲渡を利用することもできる。事業譲渡は，あくまでも単なる取引行為であり，会社法上の組織再編ではない。そのため，組織再編で要求される債権者異議手続等は，要求されない（民法における債務引受の規律に従い，事業に含まれる債務の移転に際しては，個別債権者の承諾を要する。民法472等）。

ただ，株式会社が事業の全部の譲渡（事業譲渡。旧法下では営業譲渡）をするにあたっては，株主総会の特別決議（会社法467①一，309②十一）を経なければならない他，反対株主の株式買取請求権の行使にさらされる等（会社法469），組織再編に準じた厳格な規制に服する。

問題は，何をもって事業譲渡と定義すべきかにある。本設例の元となった最大判昭和40年９月22日民集19巻６号1600頁は，この点につき判断する大法廷判決であり，浩瀚な反対意見を含んでいる。

２．最大判昭和40年９月22日における多数意見と反対意見

⑴多数意見の立場

まず多数意見からみてみよう。多数意見は，次のとおり判示する。

「営業の譲渡（現・事業譲渡）とは，同法（注：商法）24条（現・会社法21）以下にいう営業の譲渡と同一意義であって，営業そのものの全部または重要な一部を譲渡すること，詳言すれば，①一定の営業目的のため組織化され，有機的一体として機能する財産（得意先関係等の経済的価値のある事実関係を含む。）の全部または重要な一部を譲渡し，これによって，②譲渡会社がその財産によって営んでいた営業的活動の全部または重要な一部を譲受人に受け継がせ，③譲渡会社がその譲渡の限度に応じ法律上当然に……競業避止業務を負う結果を伴うものをいうものと解するのが相当である。」（番号は，筆者が付記した）

多数意見をどう読むかについては，議論があるところであるが，前記①～③を事業譲渡の不可欠の要件であると理解するのが，一般的なようである。

⑵２つの反対意見

前掲最大判昭和40年９月22日には，多数意見をリファーする補足意見のほか，２つの反対意見が付されている。１つは，松田二郎裁判官によるものであり（４裁判官がこれに同調），事業譲渡を会社の営業財産の全部の譲渡を意味するものと理解するものである。これによると，事業譲渡とは，いわゆる客観的意義における営業の譲渡にすぎず，前記①～③は，そもそも要件ではないことになる。もう１つは，山田作之助裁判官によるもので，前記要件でいえば，①を不要とし，事業譲渡の定義において，②（さらには③）を重視するものといえる（②と③は，コインの裏表のようなものであり，あえて分ける必要がないという見方もありえよう）。

3．検　討

⑴多数意見は，前記の判示の後，事業譲渡にあたらないとした原審（東京高判昭和36年９月25日民集19巻６号1636頁）を，「本件売買契約に当っては，いずれの当事者も本件物件を有機的一体として機能する財産として売買する意思はなく，とくに譲受人であるＹにとっては，製材業を譲り受けることは目的の範囲外の行為であり，Ｙが本件物件のうちの不動産を買い受けたのは，Ｙの目的である組合員その他の者の出品する木材および製材品の市売等を行うための土場および事務所に使用するためであり，本件物件のうちの機械器具類に至つては，これだけ除外しても，Ｘがその処置に窮するであろうことを思いやり，これを本件売買契約の目的物のうちに加えたものにすぎず，したがっ

て，本件売買は，営業を構成していた各個の財産の譲渡であって，営（事）業の譲渡に当らない」としたものと解し，その「判断には，所論の違法はない」旨結論付けた。あてはめでは，①の要件が重視されている。

⑵ここで，Caseを少し変えてみよう。もしもＸが休業しておらず，Ｘの工場が稼動していたとしたら，Caseにおける本件工場の譲渡は，唯一ともいうべき工場を稼動したままで売却するのだから，多数意見の説示に従うと，前記①～③の各要件を具備し，事業譲渡に該当したとされる可能性がある。もとのCaseとの違いは，Ｘが休業しているか否かである。してみると，①にいう「有機的一体」とは，「活動している状態（ゴーイング・コンサーン）のままで」ということである。「居抜き」でオーナーチェンジした状態と言い換えてもよいかもしれない。多数意見によれば，②及び③は，そこから生じる派生的効果である。結局，多数意見が挙げる要件の中で，核となるのは①である。事業譲渡が「抜け殻」方式といわれるゆえんもここにある。できる限り事業譲渡を組織再編規制に寄せて考えることにもつながる。

本Caseで悩ましいのは，本件物件の売却後，まもなく，ＸがＹに対し，工場の再稼動のため，本件物件の返還請求をしており，本当に「休業していた」といえるか微妙である点である。ちなみに，Caseのもととなった事案では，Ｘ代表取締役Ａによる売却にあたり，取締役会決議を欠いており，そのことをＹが知りうべきであったかにつき，別に最判昭和40年９月22日民集19巻６号1656頁で判断がなされている。Ｘ内部において休業につき，意見の食い違いがあったのかもしれない。

いずれにせよ,「一時休業」中の譲渡である本件は，その「一時」をどう捉えるかによって，①の要件の具備につき判断が分かれえた事案であったように解される。

2

非公開会社における有利発行の判断基準

非上場会社等の株式の価格はどのような基準によるべきか

Case

Zは，昭和42年に設立された毛髪製品の製造及び販売，毛髪育成指導及び美容業・理容業等を目的とする株式会社（非公開会社）であり，Yはその代表取締役である。

Zは，平成16年２月に取締役会を開催し，第三者割当の方式によりYら役員に対し，新株を発行する旨の取締役会決議を開催し，普通株式４万株を発行した（本件新株発行）。その際，専門家の意見を聴取することはなかった。

なぜならば，Zは，本件新株発行の４か月ほど前の平成15年10月に，金庫株の解消を図るべく，Yに対し，Zが保有する自己株式を１株1,500円で売却する旨の取締役会決議，臨時株主総会決議を行い，自己株式の処分をした際（本件自己株式処分），H公認会計士から，配当還元方式により１株当たり1,500円と評価した意見を聴取しており，それから４か月程度しか経過しておらず，改めて専門家の意見を聴取することはないと考えたためである。

Ｚは，過去に１株当たり150円の配当をしていたが，平成13年以降は，業績の悪化及び財務の悪化に苦しみ，無配であった。また，役職員の退職が相次ぎ，Ｚはその保有する株式の買取りを求められ，Ｙが１株当たり1,500円で買取りに応じてきた。

その後，Ｚは，本件新株発行に相前後して，新製品の開発に成功し，業績が上昇し，平成19年にジャスダック証券取引所（当時）に株式を上場するに至った。

Ｚの株主であるＸは，Ｚの監査役に対し，本件新株発行等につき，責任追及の提訴請求を行い，同監査役からの不提訴の通知を受けた上で，平成19年，Ｙに対し，株主代表訴訟を提起した。

1．はじめに

募集株式を「特に有利な金額」で発行する場合を有利発行という（会社法199③）。有利発行の場合，募集事項の決定は，株主総会の特別決議によりなされなければならず（200①，201①，309②五），加えて，株主総会において，有利発行を必要とする理由が説明されなければならない（199③）。公正な発行価額を下回るのが「特に有利な金額」であるから，結局問題となるのは，何が公正な発行価額かである。

一般論としては，「発行価額決定前の当該会社の株式価格，右株価の騰落習性，売買出来高の実績，会社の資産状態，収益状態，配当状況，発行ずみ株式数，新たに発行される株式数，株式市況の動向，これらから予測される新株の消化可能性等の諸事情を総合し，旧株主の利益と会社が有利な資本調達を実現するという利益との調和の中に求められるべきものである。」（最判昭和50年４月８日民集29巻４号350頁，東京地決平成16年６月１日金判1201号15頁等）。

株式に市場価値がある上場会社の場合においては，有利発行か否かの判断にあたっては，市場価格がベースとなる。その上で，新株発行価額の決定後，株価が急に高騰する場合，高騰前と高騰時のいずれを基準として，公正な発行価額を決定すべきかが争われる。では，市場株価を基準とすることができない非上場会社・非公開会社においては，どのような基準とすべきか。本Caseで問題とされるのはこの点である。

２．最判平成27年２月19日民集69巻１号51頁

本Caseの元となった最判平成27年２月19日民集69巻１号51頁は，原審（東京高判平成25年１月30日（平成24年（ネ）第2826号））と対照的な結論となっている。すなわち，原審では，本件新株発行のみならず，本件自己株式処分についても，代表訴訟の対象とされていたところ，本件自己株式処分については公正な発行価額を１株当たり1,500円であるとした一方，本件新株発行については，少なくとも１株7,000円であり，不公正発行に該当すると認

定した。

これに対し，上告審である前掲最判平成27年２月19日は，本件新株発行についてのみ判断を下すものである。まず最高裁は，「非上場会社の株価の算定については，……様々な評価手法が存在しているのであって，どのような場合にどの評価手法を用いるべきかについて明確な判断基準が確立されているというわけではな」く，「個々の評価手法においても，…ある程度の幅のある判断要素が含まれていることが少なくな」いため，「取締役会が，新株発行当時，客観的資料に基づく一応合理的な算定方法によって発行価額を決定していたにもかかわらず，裁判所が，事後的に，他の評価手法を用いたり，異なる予測値等を採用したりするなどして，改めて株価の算定を行った上，その算定結果と現実の発行価額とを比較して「特ニ有利ナル発行価額」に当たるか否かを判断するのは，取締役らの予測可能性を害することともなり，相当ではない」との立場に立つ。

その上で，「非上場会社が株主以外の者に新株を発行するに際し，客観的資料に基づく一応合理的な算定方法によって発行価額が決定されていたといえる場合には，その発行価額は，特別の事情のない限り，「特ニ有利ナル発行価額」には当たらないと解するのが相当である」旨判示し，本件では「Ｈ会計士は決算書を初めとする各種の資料等を踏まえて株価を算定したものであって，Ｈ会計士の算定は客観的資料に基づいていたということができ」，「本件新株発行における発行価額は「特ニ有利ナル発行価額」には当たらないというべきである」と結論づけた。

３．Caseの検討

⑴会社法は，いくつかの場面で，裁判所が株価を決定することができる制度を用意している（例えば，会社法144③④等）。これに対し，前掲最判平成27年２月19日は，新株発行の場面においては，率直に，株価算定に際し，一定の不明確さ，幅がありうることを認めた上，新株発行の場面において，むしろ一義的な算定を避け，取締役の経営判断を尊重しようとしている。かかる判断は，株価評価の不安定さに対する認識の正しさの点においてのみならず，新株発行が業務執行のための資金調達という側面（準業務執行行為）を重視した制度設計となっている点からも，是認することができよう。

⑵ここで興味を引くのは，原審の価額認定との違いがなぜ生じたかである。

最高裁が是認するＨ会計士の算定は，時価純資産法が，他の手法よりも客観性に優れており，これによるのが原則としつつ，Ｚ社は，時価純資産がマイナスであり，これによることができないとして，次善の策として，配当還元法を採用し，直近の例を参照し，１株当たり1,500円とするのが相当であるとしたものである。これに対し，原審は，時価純資産がそもそもマイナスではなく，逆に株式価値が31億5,900万円であるという出発点に立った上で，これをＺの発行済株式数40万株で除し，少なくとも１株7,000円という判断に至っている。

このように前提の数字次第で，大きく結論が変わってくるわけで，このこと自体，株価算定のフィクション性を物語っている。そうであれば，できる限り株価算定の問題に踏み込まないという判断も，裁判所らしい判断として，それなりに是認できるもののように思われる。

3

株式買取請求権に
基づく株式買取価格決定と
非流動性ディスカウントの可否

収益還元法が採用された場合でも非流動性ディスカウントは許容されるか

Case

1．Ｚ社は，昭和15年に設立された酒類及び飲食料品雑貨の卸売等を目的とする株式会社（非上場会社，非公開会社，発行済株式の総数338万7,000株）であり，コンビニチェーンＡグループの子会社である。Ａグループ創業者の遺族であるＸは，Ｚの株主であり，Ｚ株を約32万株保有している。

2．Ａグループは，もともと酒類の卸売業者の共同事業体からボトムアップ式に形成されてきたものであるところ，この度，親会社Ａ株式会社を中核とした系列企業の整理統合を行うこととし，その一環として，Ｚを，Ａ社の別の子会社Ｙ株式会社に吸収合併させることにした。この合併により，Ｚ株主は，Ｚ普通株式６株につき，Ｙ普通株式１株の割合で，Ｙ社株式を受け取ることになる。

3．Ｘは，前記吸収合併を承認するため開催された株主総会に先立ち，Ｚに対し，吸収合併に反対である旨を通知し，前記株主総会において吸収合併に反対した上で，株式買取請求権を行使した（会社法785）。

4．その後，前記吸収合併の効力が発生し，Ｚ社はＹ社に吸収合併された。Ｘは，Ｙとの間で買取価格の折り合いがつかなかったため，管轄の地方裁判所に対し，株式の買取価格の決定の申立てをした（会社法786②）。裁判所は，買取価格決定のため，鑑定に付した。

5．鑑定人Ｂは，①Ｚが最近５事業年度において安定して利益を計上していること，②卸売事業そのものは，吸収合併存続会社である相手方において現在も営まれていることから，事業の継続性及びその安定した収益力を無視することはできないとして，収益還元法を採用することが合理的であると判断した。

その上で，下記の計算に基づき，株主資本コストを決定した上，収益をそれで除し，税引後正常利益を３億6,158万3,000円と算定した(a)。その上，非流動性ディスカウントとして，25%を割り引いた（２億7,118万7,000円）(b)。

【株主資本コストの算定】

①.	Risk Free Rate	0.774%	10年国債発行利回り
②.	Market Risk Premium	5.5%	・「株式市場全体の利回り」－「①」 ・鑑定人所属法人で定めた数値
③.	β値（株式市場の変動に対する株価の感応度）	1.049%	・卸売業の修正β値（東証33種類の卸売業）
④.	Size Premium	3.89%	
⑤.	株主資本コスト	10.4335%	①＋（②＊③）＋④

6．(a)を発行済株式総数で除すと，１株106円となり，(b)で除すと１株80円となる。ＸＹ間で争われているのは，非流動性ディスカウントの可否である。

1．はじめに

非流動性ディスカウントとは，非上場会社の株式が上場会社の株式に比べて流動性が低く，また，非上場会社の株式を換金しようとするときには追加的なコストがかかるために，上場会社の株式に比べて低く評価することであり，M&A実務や譲渡制限株式の譲渡価格決定（会社法144②三）の際に広く用いられている。Caseで争点となっているのは，株式買取請求権に基づく価格決定で収益還元法が採用された場合においても，非流動性ディスカウントの処理をすることが許容されるかである。

2．非流動性ディスカウントに関する裁判例

株式買取請求権が行使される場面における非流動性ディスカウントの可否については，裁判例が分かれていた。まず否定例としては，東京高決平成22年５月24日金判1345号12頁（カネボウ事件）は，「本件の株式買取請求権は，少数派の反対株主としては株式を手放したくないにもかかわらずそれ以上不利益を被らないため株式を手放さざるを得ない事態に追い込まれることに対する補償措置として位置付けられるものであるから，マイノリティ・ディスカウント（非支配株式であることを理由とした減価）や非流動性ディスカウント（市場価格のないことを理由とした減価）を本件株式価値の評価に当たって行うことは相当でないというべきである」旨判示していた。

これに対し，本Caseの素材となった事例の原々審（札幌地決平成26年６月23日金判1466号15頁），原審（札幌高決平成26年９月25日金判1466号14頁）は，非流動性ディスカウントを肯定する。次のとおりである。

「吸収合併に反対して会社からの退出を選択した株主には，吸収合併がされなかったとした場合と経済的に同等の状況を確保すべきところ……，Ｚの株式は譲渡制限付株式であって，株主数も少なく……，株式の取引事例も乏しい……のであるから，その換価は困難であり，このことは株式の経済的価値自体に影響を与えているというべきである。したがって，「公正な価格」の算定に際し，株式の換価の困難性を考慮することが裁判所の合理的な裁量を超えるものということはできない」

かような状況の下，最高裁（最決平成27年３月26日民集69巻２号365頁）は，下記のとおり判示し，非流動性ディスカウントを否定する。

「会社法786条２項に基づき株式の価格の決定の申立てを受けた裁判所は，吸収合併等に反対する株主に対し株式買取請求権が付与された趣旨に従い，その合理的な裁量によって公正な価格を形成すべきものであるところ……，非上場会社の株式の価格の算定については，様々な評価手法が存在するが，どのような場合にどの評価手法を用いるかについては，裁判所の合理的な裁量に委ねられていると解すべきである。しかしながら，一定の評価手法を合理的であるとして，当該評価手法により株式の価格の算定を行うこととした場合において，その評価手法の内容，性格等からして，考慮することが相当でないと認められる要素を考慮して価格を決定することは許されないというべきである。」

３．Caseの検討

株式価格算定に用いられる還元法は，財産でなく，会社（又は株式）が毎年算出する「価値」に着目し,「価値」が将来にわたって一定期間算出され続けるとの「仮定」の下,かかる「価値」を,リスクを勘案した割引率（R）で除し，現在価値に「還元」する方式である。

本件で採用される収益還元法は，分子である「価値」を「税引後利益」とみる方式である。還元法としては,他に配当還元法(「価値」を「１株当たりの毎年の配当額」とみる方式)，ＤＣＦ還元法（「価値」を毎年のキャッシュ・フローとみる方式）がある。非上場会社，非公開会社であるＺにおいて，配当はなされていないか，散発的であるため，配当還元法は用いづらく，また消滅会社であるＺに将来の事業計画があるわけもなく，事業計画を前提とするＤＣＦ還元法も用いづらい。鑑定人Ｂがこれらを採用しなかったのは，おそらく，このようなことを考慮したからであろう。

収益還元法は，過去の「収益」に着目するもので，これならＺ社についても用いることができ，「手堅い」手法といえる。ただ，収益還元法は，あくまでも，「収益」を割引率Ｒ（本件では，株主資本コスト）で除するというだけのものであり，その方式の中には，非流動性ディスカウントは入っていない。加えて，分母であるＲの算定の際考慮されるβ値の算定において，譲渡制限株式であることが既に考慮されている。その上さらに，非流動性ディスカウントを行うことは，非公開・非上場であることをダブルカウントするに等しく不当であろう。このような意味においてなら，最高裁の立場は妥当と支持しうる。

最高裁の立場は，還元法が用いられる場合において，ある意味，「自分の手を縛る」ものである。ただ，株式価格決定の際には，資産価値法（純資産方式等），比準法（類似業種比準法，類似会社比準法等）等，いくつかの手法を一定割合で併用するのが一般であり，Caseのように，特定の方式のみを用いるのは，むしろ例外であろうと推測する。そうであれば，本決定の射程はさほど広いものではないのかもしれない。

4

100%子会社の損害が親会社の損害とされる場合

完全親子会社において子会社の損害＝親会社の損害といえるか

Case

1　Ｐ株式会社は，鉱業，採石業，土砂採取業等を業とする株式会社であり，Ｙは，その代表取締役である。Ｑ株式会社は，Ｐ社の完全子会社であり，Ｐ社の遊休地を簿価で譲り受け巨額の含み資産を有している。

2　Ｐ社は，国策により石炭生産部門の分離を余儀なくされ，安定株主比率も低かったため，経営多角化，株主構成の安定化のため，業績がよく，安定株主を多数擁するＲ株式会社の吸収合併を検討していた。ただ，当時，投機家ＳがＰ社株式1,550万株（発行済株式総数6,000万株の25.8%）を買い集めていたため，Ｒ社の吸収合併に必要な株主総会の特別決議は，Ｓの賛成がなければ危ぶまれる状態にあった。そこで，Ｙは，Ｓの賛成を獲得すべく，Ｓと交渉にあたることにした。幸い，Ｓは合併に賛成する旨意見表明したので，Ｐ社は，Ｒ社との合併を進めることにした。

3　ところが，Ｓは，合併覚書を取り交わす直前になって，急に合併に反対するとともに，自己が保有するＰ社株式を高値で直ちに買い取ることを強く要求するに至った。そこで，Ｙは，Ｑ社による，Ｓ保有のＰ社株式1,550万株の買取り（１株530円，合計82億1,500万円）に応じることにした。具体的には，Ｐ社の斡旋により，Ｑ社がＳから前記Ｐ社株式を買い受けた上，同株式を，Ｐ社のグループ各社・有力取引先等に１株300円程度（合計46億6.340万円）で売り渡すことにした。この結果，Ｑ社の資産は，買取価格との差額に相当する35億5,160万円減少することになった。

4　前記買取のおかげで，Ｒ社との合併手続は支障なく進み，Ｐ社は，Ｒ社を吸収合併した。これにより，Ｐ社は，20年ぶりに復配し（６分配当），その数年後には，１割配当を実施した。

5　Ｘは，前記各事実を報道で知ったことから，独自に調査をはじめ，Ｐ社株式1,000株を取得し，所定の手続を経た上，Ｙを被告として，株主代表訴訟の訴えを提起した。本Case当時，株式会社による自己株式の取得は原則として禁止されており，Ｘは，Ｑ社によるＰ社株式の取得は，法令に違反し，その結果Ｐ社は，買受代金と売渡代金の差額35億5,160万円の損害を受けた旨主張していた。

１．最判平成５年９月９日
民集47巻７号4814頁と先例としての意義

Caseの素材である最判平成５年９月９日民集47巻７号4814頁は，いわゆる三井鉱山事件として会社法学上名高く，原告株主の請求が認容されたわが国で初の本格的株主代表訴訟として，注目を浴びた事件である。Case記載のとおり，前掲最判平成５年９月９日における株式買受の当時，①自己株式の取得は禁じられていたが，他方で，②子会社による親会社株式の買受については規定がなかった。Caseにおいて②のスキームがとられたのは，①の規制の脱法としてである。その後，昭和56年商法改正により，②も①に倣って禁じる規定が置かれた。

その後，金庫株解禁で知られる平成13年商法改正により，①に関し，自己株式の取得が許容され，平成17年制定の現行会社法もかかる規制を引き継いでいる（会社法155以下）。ただ，会社法は，②については，依然として旧法の規制を原則として踏襲している（会社法135）。

いずれにせよ，①②に関する前掲最判平成５年９月９日の判旨部分は，今日において歴史的意義を有するに留まる。他方，前掲最判平成５年９月９日の損害論に関する判旨は，多重代表訴訟をはじめとする結合企業法制が完備しつつある現在，引き続き意義を有し，その射程につき，検討する価値を有する。

2．損害論に関する前掲最判平成５年９月９日の判旨と検討

前掲最判平成５年９月９日は，Caseの事実関係を前提として，「Ｑ社の資産は，本件株式の買入価格81億1,500万円と売渡価格46億6,340万円との差額に相当する35億5,160万円減少しているのであるから，他に特段の主張立証のない本件においては，Ｑ社の全株式を有するＰ社は同額に相当する資産の減少を来しこれと同額の損害を受けたものというべきである。また，Ｐ社の受けた右損害とＱ社が本件株式を取得したこととの間に相当因果関係があることも明らかである」旨判示し，本件株式の取得によりＰ社が35億5,160万円の損害を受けたとする原審の判断を是認した。

上記のうち，損失の発生した経緯はいわば枝葉である。そこで枝葉を省いて定式化すると，「Ｐ社がＱ社の完全親会社である場合において，Ｑ社に生じた損失は，Ｐ社の損害である」ということになる（定式)。つまり，前掲最判平成５年９月９日は，完全親子会社において，子会社の損失＝親会社の損害とみている。

親子会社関係の経済的実態については様々であろうが，少なくとも，一方が他方の株式を100％保有している場合には，後者は前者の一事業部門にすぎないと評価できる場合が多いように思われる。現に，Caseにおいても，Ｑ社は，完全親会社であるＰ社の指示のままに，脱法行為（ただし行為当時の法規制を前提）に加担せざるを得ない状態に置かれている。このような場合には，親会社は，子会社の株式を100％保有することにより，子会社の財産を実質的に把握し支配していると評価できる。前記定式は，か

かる場合において，親会社の損害につき，完全子会社の収益力により測るという収益法的立場ではなく，財産の増減により認識するという，財産法的立場に立つものといえる。

３．多重代表訴訟における「親会社損害」要件との関係

平成26年会社法改正により，多重代表訴訟が導入されたが（最終完全親会社等の株主による特定責任追及の訴え：会社法847の３以下），同条１項２号は，「当該特定責任の原因となった事実によって当該最終完全親会社等に損害が生じていない場合」はこの限りでないと規定し，多重代表訴訟の提起にあたり，親会社たる自身に損害が生じていることを必要とする（親会社損害要件）。これは100％の親子関係がある場合でも，子会社の損害とは別個に親会社の損害を観念できることを意味し，前掲最判平成５年９月９日が立てた前記定式と抵触するかにみえる。

平成26年会社法改正の立案担当者は，親会社に損害が生じていない場合として，⑴親子会社間の取引により，子会社に一定の損失が発生したが，親会社が同額の利益を得た場合，⑵傘下の完全子会社間の取引により，一方の子会社に損失が発生したが，他方の子会社に同額の利益が発生した場合を挙げる。その他に学説は，親会社に損害が生じていない場合として，その他に，⑶前記⑴の取引が発覚し，親会社の評判が著しく低下した場合，⑷完全子会社が準備していた新規事業計画を，親会社の指示により，別の完全子会社が行うこととなり，別の完全子会社に利益が生じた

場合等を挙げる。

以上のとおり，親会社に損害が生じていない場合とは，おおむね結合企業間において，利益や損失の「付け替え」がなされている場合を指す。逆にいえば，そのような事案でない限り，親会社損害要件の具備を問題とする必要はない。結局，親会社損害要件は，多重代表訴訟の適用範囲を狭めるという政策的理由から設けられた要件に過ぎず，その意図を超え，前記定式を否定する趣旨ではないと解される。

4．立証について

前記定式によると，損害の発生及び額につき主張・立証責任を負うXが，本件株式の買入価格と売渡価格との差額につき立証すれば，損害が差額を下回る旨の立証は，Yが負う。差額立証自体必ずしも容易ではないであろうが，少なくともこの立場によれば，株式評価に関する鑑定の必要はないこととなり，その分だけ，Xの立証の負担は軽減される

5

新株予約権の行使条件の変更と新株発行無効

改正前商法では新株発行の効力を極力有効であるように解されていたが…

Case

1　Y株式会社（Y社）は，信用保証業務等を目的として設立された株式会社であり，発行する株式の全部について，譲渡により取得するためには取締役会の承認を受けなければならない旨の定款の定めを設けている。Z_1，Z_2，Z_3は，Y社の取締役（当時）であり，Xは，Y社の社外監査役である。

2　Y社は，経営陣の意欲や士気の高揚を目的として，ストックオプションを付与することとし，株主総会において，以下のとおり，新株予約権（以下「本件新株予約権」）を発行する旨の特別決議がなされた。

ア	新株予約権の目的である株式の種類及び数	普通株式6万株
イ	発行する新株予約権の総数	6万個

ウ	新株予約権の割当てを受ける者	本件総会決議の翌日及び新株予約権の発行日の各時点においてＹ社の取締役である者	
エ	新株予約権の発行価額	無償	
オ	新株予約権の発行日	（略）	
カ	新株予約権の行使に際して払込みをすべき額	新株予約権１個当たり750円	
キ	新株予約権の行使期間	（略）	
ク	新株予約権の行使条件	（ア）	新株予約権の行使時にＹ社の取締役であること
		（イ）	その他の行使条件は，取締役会の決議に基づき，Ｙ社と割当てを受ける取締役との間で締結する新株予約権の割当てに係る契約で定めるところによる（以下，「本件委任」）。

3　上記２に基づき，Ｙ社の取締役会１において，Z_1に対し４万個，Z_3に対し１万個，Z_2に対し１万個の本件新株予約権を割り当てる旨の決議がされた。そして，Ｙ社とZ_1，Z_2及びZ_3は，上記決議に基づき，本件新株予約権の行使条件として，Ｙ社の株式が日本国内の証券取引所に上場された後６箇月が経過するまで本件新株予約権を行使することができないとの条件（以下「上場条件」）を定めるなどして，新株予約権の割当てに係る各契約を締結し，Ｙ社は，本件新株予約権を発行した。

4　Ｙ社は，その後，Z_1が収受したリベート等をめぐって税務調査を受けるようになり，税務当局から重加算税が賦課される可能性があることを指摘され，株式を公開することが困難な状況となった。

そこで，Ｙ社の取締役会２において，本件新株予約権の行使条件としての上場条件を撤廃するなどの決議がされ，Ｙ社とZ_1，Z_2及びZ_3は，上記各契約の内容を本件変更決議に沿って変更する旨の各契約を締結した。

そして，Z_1，Z_2及びZ_3は，行使期間内に，本件新株予約権を行使し，Ｙ社は，これに応じて，Ｚらに対し，合計２万6,000株の普通株式を発行した（以下，「本件新株発行」）。なお，Ｙ社の株式は，日本国内の証券取引所に上場されたこともない。

5　その後，Z_1，Z_2及びZ_3は，Ｙ社の取締役の地位を辞任せざるを得なくなった。

6　Ｘは，Ｙ社を被告として，裁判所に対し，本件新株発行の無効の訴えを提起し，Z_1，Z_2及びZ_3は，Ｙ社に補助参加をした。

1．はじめに

Caseは，新株予約権の行使条件を変更して，新株予約権を行使して発行された新株発行の効力を無効であるとした最判平成24年４月24日民集66巻６号2908頁を素材としたものである。平成17年改正前商法の下においては，新株発行の業務執行に準じた性格を強調し，新株発行の効力を極力有効であるように解するのが判例の立場であったところ（例えば，取締役会決議を欠く新株発行を有効とした最判昭和36年３月31日民集15巻３号645頁，株主総会の特別決議を欠く新株発行を有効とした最判40年10月８日民集19巻７号1745頁，及び最判昭和46年７月16日集民103号407頁），前掲最判平成24年４月24日は，一転し，新株発行を無効とした。

2．前掲最判平成24年４月24日の判旨

前掲最判平成24年４月24日の判旨は，大別して３つの部分から成る。最初に，前掲最判平成24年４月24日は，①新株予約権の行使条件の変更の可否につき，「取締役会が………株主総会決議による委任を受けて新株予約権の行使条件を定めた場合に，新株予約権の発行後に上記行使条件を変更することができる旨の明示の委任がされているのであれば格別，そのような委任がないときは，当該新株予約権の発行後に上記行使条件を取締役会決議によって変更することは原則として許されず，これを変更する取締役会決議は，上記株主総会決議による委任に基づき定められた新株予約権の行使条件の細目的な変更をするにとどまるものであるときを除き，無効と解するのが相当である」旨規範を定立し，「上場条件の撤廃が行使条件の細目的な変更に当たるとみる余地はないから，本件変更決議のうち上場条件を撤廃する部分は無効というべきである」とする。

上場条件を撤廃する部分が無効であるとすると，上場条件が撤廃されたものとしてされたZ_1，Z_2及びZ_3による本件新株予約権の行使は，当初定められた行使条件に反した新株予約権の行使ということになる。そこで，次に行使条件に反した新株予約権の行使

による新株発行の効力につき検討を進める。

まず前掲最判平成24年４月24日は，②「非公開会社において，株主総会の特別決議を経ないまま株主割当て以外の方法による募集株式の発行がされた場合，その発行手続には重大な法令違反があり，この瑕疵は上記株式発行の無効原因になると解するのが相当である。」と新株発行の無効原因に関する一般論を展開した上で，③行使条件に反した新株予約権の行使による新株発行につき，下記のとおり判示する。

「非公開会社が株主割当て以外の方法により発行した新株予約権に株主総会によって行使条件が付された場合に，この行使条件が当該新株予約権を発行した趣旨に照らして当該新株予約権の重要な内容を構成しているときは，上記行使条件に反した新株予約権の行使による株式の発行は，これにより既存株主の持株比率がその意思に反して影響を受けることになる点において，株主総会の特別決議を経ないまま株主割当て以外の方法による募集株式の発行がされた場合と異なるところはないから，上記の新株予約権の行使による株式の発行には，無効原因があると解するのが相当である。」

３．前掲最判平成24年４月24日の射程

会社法は，平成17年改正前商法と異なり，新株発行の手続において，公開会社と非公開会社を明確に区別し，非公開会社における募集事項の決定権限が株主総会にあるものとしている（会社法199①②）。これは，一方において，有限会社に関する規制を株

式会社法制へ取り込む際の単なる立法技術にすぎないのだが，他方，非公開会社において新株発行無効の訴えの提訴期間も，１年へと伸長されていること（同法828①二）と併せ考えると，会社法が，平成17年改正前商法における以上に，非公開会社の新株発行における株主総会の決定権限を重視しているとも読むことができる。前掲最判平成24年４月24日は，後者の見方，すなわち，会社法における非公開会社の新株発行に関する権限分配秩序を重視し，従来の裁判例と異なる立場を採用したものと解される。

4．Caseの検討

また，かかる前掲最判平成24年４月24日は，Caseの解決としても適当である。寺田逸郎裁判官が補足意見で述べているとおり，本件新株予約権の行使条件の変更は，Z_1，Z_2及びZ_3による「お手盛り的で，株主総会の意向に背く処理」と言わざるを得ない。このように捉えると，かかる処理は「会社法制の進んできた方向に対する真っ向からの挑戦」と評価されるのである。

6

特別の利害関係を有する理事が加わった漁業協同組合の理事会の決議の効力

特別利害関係人が議決に加わった理事会の効力は有効か

Case

1　Zは，漁業協同組合であり，理事の定員は8名である。折しも，上陸した台風の影響で，E（Zの組合員・理事）の定置網に大きな被害が発生した。W町は，被害を救済すべく，漁業者本人に対してではなく漁業協同組合に対する資金の貸付制度の創設を検討することにし，貸付要件を満たすZに対し1,000万円の限度で貸し付ける旨の規則（本件規則）を制定した。そして，W町の当時の町長であったVは，Zからの「申請」に基づき，Zに1,000万円を貸し付ける旨の支出負担行為，支出負担命令を行い，これに基づきW町は，Zに対し1,000万円を貸し付けた。

ところが，W町は，「本件規則」につき，所定の方式による公告を怠った。

2　Zは，この1,000万円を，E（理事）が高齢であるところから，Eの子であるF（理事）に対し貸し付けた（本件貸付）。

なお，Zの理事会議事録によると，前記「申請」に際してのZの理事会（本件理事会）では，理事8名中，6名（A（代表理事組合長），B，C，D，E，F）が参加し，出席者全員の賛成で，前記「申請」を行う旨の決議がなされたこととされており，これらの者は，前記「申請」に際し，W町に対し「確約書」を差し入れている。

3　その後，Zの総会においてAは，「確約書」署名の理事の義務を引き継ぐことを議題として図ったが，紛糾し，決議に至らなかった。このことからAは代表理事を辞任し，Fを除く他の理事も理事を辞任している。そして，後任の代表理事となったGは，W町に対し，貸付の効力を否定する内容の文書を送付し，Zの臨時総会において，貸付の効力を否定する旨の報告を行った。

4　W町の住民であるXらは，本件貸付に関し，住民監査請求を行ったところ，W町の監査委員は，Xらに対し，請求を棄却する旨の監査結果を通知した。そこでXらは，W町の町長（Y）に対し「本件貸付」当時の町長であったVに対し1,000万円の損害賠償請求をすることを求め（住民訴訟：地方自治法242の2①四），提訴した。

１．はじめに

⑴Caseにおいて，W町は，制定した規則に関し，所定の方式による公告を怠った。これにより本件規則は，未施行なものとされ，規則としての効力が生じない（地方自治法16②③)。後は貸付の私法上の有効性の問題となる。そして当時の町長Vがなした本件貸付の私法上の有効性は，貸付者（W町）の側の問題ではなく，借入者であるＺにおいて，所定の手続を履践したかの問題に収斂されることになる。

⑵水産業協同組合法は,「理事会の議決は，議決に加わることができる理事の過半数（これを上回る割合を定款で定めた場合にあっては，その割合以上）が出席し，その過半数（これを上回る割合を定款で定めた場合にあっては,その割合以上)をもって行う」（同法37①）と規定するとともに，その「議決について特別の利害関係を有する理事は，議決に加わることができない」ものとする（同条②)。これは，株式会社における取締役会の規律と全く同じである（会社法369①②)。

「本件貸付」に関し,Ｅ,Ｆが特別利害関係人とされることは,異論がないところである。では,特別利害関係人が議決に加わった理事会の効力は，有効とされるであろうか。Caseで争点とされたのは，この点である。

２．理事会決議の効力に関する最判平成28年１月22日民集70巻１号84頁

原審（高松高判平成26年12月18日（平成26年（行コ）第３号)）に

おいて，Ｘらは，①Ｅが理事でない，②Ｃ，Ｆは出漁中で欠席である旨主張した。Ｘらの主張が容れられると，議決に加わることができる取締役７名（８名マイナスＦ）中，３名（Ａ，Ｂ，Ｄ）のみの出席となり，本件理事会は，定足数を満たさなかったこととなる。

原審は，議事録等の記載を根拠に，Ｅも理事であり，かつＣ，Ｆも議事録通り出席していたと認定した。これによると，議決に加わることができる取締役６名（８名マイナスＥＦ）中，Ａ，Ｂ，Ｃ，Ｄが出席したことになるので，本件理事会は定足数を充足する。その上で，原審は，本件理事会決議を，特別利害関係人が参加した決議であり，Ｅ，Ｆが加わらなくても，本件理事会決議がされたと認めるに足りる特段の事情の主張立証がない以上，手続上の瑕疵があるとした。そして，前記瑕疵についてのVの悪意・有過失を認定し,「本件貸付」は無効であると評価し,Ｘらの請求を認容した。

これに対し，前掲最判平成28年１月22日は，下記のとおり判示し，本件理事会決議に関する原審の判断を覆し，本件理事会の有効性を認めた。

「水産業協同組合法37条２項が，漁業協同組合の理事会の議決について特別の利害関係を有する理事が議決に加わることはできない旨を定めているのは，理事会の議決の公正を図り，漁業協同組合の利益を保護するためであると解されるから，漁業協同組合の理事会において，議決について特別の利害関係を有する理事が議決権を行使した場合であっても，その議決権の行使により議決の結果に変動が生ずることがないときは，そのことをもって，議決の効力が失われるものではないというべきである。

そうすると，漁業協同組合の理事会の議決が，当該議決について特別の利害関係を有する理事が加わってされたものであっても，当該理事を除外してもなお議決の成立に必要な多数が存するときは，その効力は否定されるものではないと解するのが相当である。」「本件議決に加わった理事のうち，Ｅは本件貸付に係る被害漁業者の経営者であり，同人の子であるＦは本件貸付に係る貸付金を原資としてＺ漁協から融資を受けた者であるから，いずれも本件議決につき特別の利害関係を有するものというべきである。しかし，本件議決については，Ｚ漁協の理事８名からこれらの者を除外した６名の過半数に当たる４名が出席し，その全員が賛成したのであるから，特別の利害関係を有する理事を除いてもなお議決要件を満たすということができる。」

３．検　討

⑴水産業協同組合法における理事会の規律と会社法の取締役会の規律は，同一であり，Caseにおける理事会決議の効力の捉え方は,会社法にも及ぶ。かような見地からみるとき,原審の立場は,取締役の一部に対する招集通知を欠く取締役会決議の効力を,特段の事情のないかぎり，決議は無効であるが，その取締役が出席してもなお決議の結果に影響を及ぼさないと認めるべき特段の事情があるときは，有効であるとする最判昭和44年12月２日民集23巻12号2396頁（第２章７（82頁）参照）の立場を引き継ぐものと理解できる。

他方，前掲最判平成28年１月22日の立場は，自ら引用するとおり，最判昭和54年２月23日民集33巻１号125頁（中小企業等協同組合法に関する事案）における（特別利害関係人たる）「理事が加わってされた決議も当然に無効ではなく，その理事の議決を除外してもなお決議の成立に必要な多数が存するときは，決議としての効力を認めて妨げないと解すべきである」との判示を受けたものである。

なお，前掲最判昭和54年２月23日の当時の会社法（中小企業等協同組合法が準用していた）は，現行法と異なり，議決権を行使することができない旨規定していたため，議決権行使「以外」は許容されていると解する余地があった。前掲最判平成28年１月22日は，法改正の前後を問わず，特別利害関係人が加わった決議につき，前掲最判昭和54年２月23日の立場が妥当することを明らかにしている。

⑵Caseの事案は，規則を制定しつつ公告を失念したというW町の杜撰さも相当なものである一方，そもそも誰が理事なのか，本件理事会に理事の誰が出席していたかについてすら明確でないＺのガバナンス体制にも相当問題があるように思われる。かかる状況において，事後のＺの支配体制の変更により，貸付を無効であるとされるのでは，W町としてはたまったものではない。Caseの解決という意味で，前掲最判平成28年１月22日の判示は，支持しうる。ただ，かかる判示を会社法の取締役会の場面一般に妥当するとされてしまうと，取締役会におけるガバナンスは機能しなくなってしまう。前掲最判平成28年１月22日の射程を狭く捉えるか，そうでなければ原審の判断を妥当とすべきと考える。

7

計算書類等承認の株主総会決議取消しの訴えの効力

株主総会決議が取消されると遡及効を有するので，後始末が大変

Case

Xは，Y株式会社（Y社）の株主である。Y社は，某日，計算書類等の承認のため，定時株主総会（総会1）を開催したところ，総会1は紛糾した上，その効力が裁判上争われるに至り，裁判所は，Xの請求を認容し，総会1を取り消した（第一審判決）。

Y社は，第一審判決に対し控訴をした。その後，訴訟係属中に，翌年度の定時株主総会（総会2）が開催され，同年度の計算書類等が承認された。

Y社は，これにより，Xが提起した総会1に関する株主総会決議取消しの訴えにつき，訴えの利益が失われたと主張している。

1．問題の所在

本Caseは，最判昭和58年６月７日民集37巻５号517頁を素材としたものである。前掲最判昭和58年６月７日において，Ｙは，チッソであり，総会１が紛糾したのは，水俣病に関する一株運動の結果であるといってよい。ただ，それらの事象を捨象して，純粋に理論的命題として捉えた場合，本Caseは，中小会社において，留意しておくべき重要問題である。すなわち，取り消されたＡ決算期に続くＢ，Ｃ……各決算期がすでに有効に承認され確定している場合，Ａ決算の承認取消が，Ｂ，Ｃ……各決算承認決議の効力にどのような影響を及ぼすかという問題である。

2．最判昭和58年６月７日民集37巻５号517頁

⑴この問題に関し，前掲最判昭和58年６月７日において，Ｙ社は，Ａ決算の承認取消の結果，Ａ決算の剰余金処分として資産の社外流出がなされていた場合には，その範囲で修正処理を行えば足りると主張していた。かかる理解を前提とすれば，前記の社外流出がなく，その後のＢ，Ｃ……各決算承認決議が確定している場合，Ａ決算を取り消しても，現在において是正すべきものは何もないことになり，訴えの利益は消滅したという帰結となる。これは，Ａ決算の承認取消が，Ｂ，Ｃ……各決算承認決議の効力に連鎖的に影響を与えるとすれば，収拾すべからざる混乱を与えてしまうという価値判断に基づくものである。

⑵しかしながら，前掲最判昭和58年６月７日は，かかるＹの主張を一蹴し，下記のとおり判示した。

「株主総会決議取消の訴えのような形成の訴えは，法律に規定のある場合に限つて許される訴えであるから，法律の規定する要件を充たす場合には訴えの利益の存するのが通常であるけれども，その後の事情の変化により右利益を喪失するに至る場合のあることは否定しえないところである。しかして，ＸらのＹに対する本訴請求は，………Ｙの第42回定時株主総会における「昭和45年４月１日より同年９月30日に至る第42期営業報告書，貸借対照表，損益計算書，利益金処分案を原案どおり承認する」旨の本件決議について，その手続に瑕疵があることを理由として取消を求めるものであるところ，その勝訴の判決が確定すれば，右決議は初めに遡つて無効となる結果，営業報告書等の計算書類については総会における承認を欠くことになり，また，右決議に基づく利益処分もその効力を有しないことになつて，法律上再決議が必要となるものというべきであるから，その後に右議案につき再決議がされたなどの特別の事情がない限り，右決議取消を求める訴えの利益が失われることはないものと解するのが相当である。

そこで，叙上の見地に立つて，本件につきかかる特別の事情が存するか否かについて検討する。この点に関し，論旨（筆者注：Ｙの主張）は，本件決議が取り消されたとしても，右決議ののち第43期ないし第54期の各定時株主総会において各期の決算案は承認されて確定しており，右決議取消の効果は，右第43期ないし第54期の決算承認決議の効力に影響を及ぼすものではないから，もはや本件決議取消の訴えはその利益を欠くに至つたというのであるが，株主総会における計算書類等の承認決議がその手続に法令違反等があるとして取消されたときは，たとえ計算書類等の内容に違法，不当がない場合であつても，右決議は既往に遡つて無効となり，右計算書類等は未確定となるから，それを前提とする次期以降の計算書類等の記載内容も不確定なものになると解さざるをえず，したがつて，Ｙとしては，あらためて取消された期の計算書類等の承認決議を行わなければならないことになるから，所論のような事情をもつて右特別の事情があるということはできない。」

3．検　討

⑴会社法上，株主総会決議取消しの訴え（会社法831）において請求認容判決が確定した場合，当該取消の効力は遡及する（会社法839）。会社法839条は，「将来に向かってその効力を失う」と規定するが，カッコの中で，その対象を限っており，その中に，株主総会決議取消の訴えは含まれていない。従って，反対解釈により,取消判決の効力は既往に遡ると解さざるを得ない。会社法制定前においては，取消判決の効力が既往に遡るか否かについては，解釈上議論があったところである。会社法は，遡及する旨の明文の規定を置き，立法上の解決を図ったものと評価できる。

⑵その意味では，前掲最判昭和58年６月７日の立場は，今日においては,異論がないものといってよい。ただ,それにより,「収拾すべからざる混乱を与えてしまう」可能性を孕んでいるとい

わざるを得ず，何らかの解決が必要となってくる。

ここで，学説をみると，権利外観法理等を用いることにより，会社がなした対外的行為の効力を有効として，取引の安全を図ろうとするのが多数説であるといってよい。基本的には会社の対内的行為にすぎない株主総会決議の効力が，対外的行為に広く影響を与えることは，取引安全の見地から是認しがたく，かかる多数説の立場は，妥当であると解される。

ただ，本Caseで問題となっているような決算の承認は，純粋な対内的行為であり，対外的な取引に適用されるべき権利外観法理を用いて解決を図ることはできない。したがって，ここでは，Ａ決算の承認取消が，Ｂ，Ｃ……各決算承認決議の効力に連鎖的に影響を与えることを正面から認めざるを得ないのである。

これに対する解決策としては，前掲最判昭和58年６月７日も示唆しているところだが，後日のＤ決算の際に，連鎖的に無効となったＡ，Ｂ，Ｃ……につき，一括上程し，一括承認を受けることしかありえない。上場会社において，Ｄの決議の際における株主構成は，Ａの決議のときのそれと異なっているので，前記一括上程・一括承認は一種のフィクションである。そして，前掲最判昭和58年６月７日の事案のように，審理が十数年（第一審の事件受付が，昭和46年となっている）と長引けば，長引くほど，「フィクション性」は強まることとなる。

⑶ただ，前掲最判昭和58年６月７日において，このように審理が長引いたのは，当時の審理の在り方もさることながら，水俣

病というわが国を代表する公害事件を引き起こした会社の株主総会において，被害者が一株運動の形で株主総会を紛糾させた上，法廷闘争に持ち込んだという要素も無視できないように推測される。かかる要素がない通常の事案においては，ヘタに争うよりも，後日の再決議により，問題は，より容易に解消されるように思われる。その意味では，本Caseは，極限の事例として意識されるべきものであろう。

8

取締役会における代表取締役の解職と特別利害関係

代表取締役の解職決議において当人が特別利害関係人にあたるか

Case

1　Ｘは株式会社（取締役会設置会社）であり，Ａはその代表取締役である。Ｘは，甲銀行・乙銀行に対して預金債権（本件預金債権）を有していた。

2　Ｘは，Ｙ株式会社と特約店契約を結び，水アメその他菓子類等の製品をＹに一手に販売させる一方，Ｙから澱粉その他の原材料を買い入れる取引を継続してきたところ，令和元年４月某日，Ａは，Ｘの代表取締役名義を使用し，Ｙとの間で，本件預金債権をＹに譲渡する契約を締結した（本件債権譲渡）。

3　Ｘは，本件債権譲渡は，Ａが代表取締役を解職された後になされたものであるから，無効であり，依然として自身が本件預金債権を有しているとして，自身が預金債権を有していることの確認を求める訴えを提起した。

Ａを代表取締役から解職する取締役会決議は，令和２年１月某日，Ｘの取締役であるＺ，Ａ，Ｂ及びＣの出席の上開催され，Ａの解職につき，ＺＢが賛成，ＡＣが反対したというものであった。Ｚは，前記取締役会決議において，Ａは特別利害関係人として議決から排斥された結果，解職決議が成立し，Ａが代表取締役の地位を喪失したと主張している。

４　これに対し，Ｙは，代表取締役の選定・解職の各決議において，当該対象者（本件の場合はＡ）は，特別利害関係を有するとはいえず，前記解職決議は，２対２となる結果，可決されたものとはいえない，そして，その結果，Ａは本件債権譲渡当時，代表権を有しており，本件債権譲渡は有効になされたと反論する。

1．特別利害関係人に関する取締役会の規律と株主総会の規律

⑴取締役会の決議は，議決に加わることができる取締役の過半数（これを上回る割合を定款で定めた場合にあっては，その割合以上）が出席し，その過半数（これを上回る割合を定款で定めた場合にあっては，その割合以上）をもって行われるところ（会社法369①），特別の利害関係を有する取締役は，議決に加わることができない（同条②）。これと対照的に，株主総会において，特別利害関係人を有する株主は，議決権が行使でき（ただし，議

決権行使が封じられる例外として，同法160④参照)，事後的に決議が取り消されることがありうるにすぎない（同法831①三)。株主総会の構成員たる株主は，出資者として，もともと自身の利益を追求する存在であり，このことは，特別利害関係の有無に関係がない。したがって，特別利害関係人にも議決権を行使させて差し支えなく，著しく不当な決議がされた場合に，事後的に決議取消しの対象にすれば足りる。他方，取締役は，株主からの受託を受け，会社経営に携わる者であり，会社に対し，善管注意義務（同法330，民法644)，忠実義務（会社法355）を負う立場にある。会社法は，特別利害関係がある取締役が，自身の利益より会社の利益を優先させることは必ずしも期待できないという判断の下，決議の公正を期すため，議決から排斥しているのである。

⑵以上のとおり，取締役会決議においては，特別利害関係の有無が，議決への関与に直結するところから，特別利害関係の範囲が問題となる。そして本Caseでは，代表取締役の解職決議において，当該対象者が特別利害関係人にあたるかが問われている。

2．判例の立場

本Caseの素材となった最判昭和44年３月28日民集23巻３号645頁は，特別利害関係性につき，下記のとおり判示する。

「代表取締役の解任に関する取締役会の決議については，当該代表取締役は，（中略）特別の利害関係を有する者にあたると解すべきである。

けだし，代表取締役は，会社の業務を執行・主宰し，かつ会社を代表する権限を有するものであつて（中略），会社の経営，支配に大きな権限と影響力を有し，したがつて，本人の意志に反してこれを代表取締役の地位から排除することの当否が論ぜられる場合においては，当該代表取締役に対し，一切の私心を去つて，会社に対して負担する忠実義務（商法254③，254ノ２参照（現会社法355））に従い公正に議決権を行使することは必ずしも期待しがたく，かえつて，自己個人の利益を図つて行動することすらあり得るのである。それゆえ，かゝる忠実義務違反を予防し，取締役会の決議の公正を担保するため，個人として重大な利害関係を有する者として，当該取締役の議決権の行使を禁止するのが相当だからである。

それゆえ，原判決が，Ｘの代表取締役Ａの解任に関する取締役会の決議について，同人をいわゆる特別利害関係人にあたるとして，その議決権の行使を排除したのは，正当である。（後略）」

３．検　討

⑴学説をみると，多数説は，特別利害関係人に該当するとして，前掲最判昭和44年３月28日の立場を是認するが（肯定説），特別利害関係人に当たらないとする見解（否定説），解職事由ごとに区別する見解（折衷説）等も有力に主張されている。

前記のとおり，前掲最判昭和44年３月28日は，取締役会における特別利害関係人の議決権排除の趣旨を取締役の忠実義務に求める。否定説は，これを逆手に取り，解職に際し，自らを適任者であるとして自分に一票を投ずることも会社に対する忠実義務の履行に他ならないと主張するのである。このように学説は，分かれるものの，以降の裁判例は，前掲最判昭和44年３月28日の立場を踏襲し，そのフレームワークに依拠した判断を行っている。前掲最判昭和44年３月28日の立場は，実務として固まったといってよい。

⑵取締役の忠実義務だけを根拠とする限り，否定説・折衷説の論旨も十分に成り立ちえよう。ただ，前掲最判昭和44年３月28日，肯定説は，忠実義務を根拠としつつ，具体的・個別的事情の有無を捨象し，解職という場面において，一律に特別利害関係人への該当を認め，当該対象者を議決から排斥する。そこには，忠実義務の問題以前に，「決議の公正さ」を重視する態度が見受けられる。その含意するところは，受託者たる取締役の身の処し方として，割り切って「決議の公正さ」を重視するということであろう。それなりに説得的であり，前掲最判昭和44年３月28日，肯定説の立場を支持したいと考える。

⑶肯定説に立つ場合，独善的・独裁的経営を行う代表取締役に対するクーデターが行いやすくなり，コーポレート・ガバナンスの向上に資する側面がある一方，伯仲する二派に分かれている場合，結果的に一方に肩入れする帰結になったり，決議が成立しなかったりという事態が発生する可能性がある。本Caseは，まさに後者の場合に該当する。そうなったとしても仕方ないというのが，前記の「割り切り」の帰結である。

⑷なお，前掲最判昭和44年３月28日の事案におけるＸは，清算会社であり，Ａ，Ｚは親族関係にあった。前掲最判昭和44年３月28日は，「家業」の廃業に伴う親族間の財産の分捕り合戦の一コマといったところであろうか（この場合，ＡとＹとがグルになっているという可能性が高い）。本来であれば，適切な清算手続の遂行が望まれた事案であったように見受けられる。

索　引

あ　行

か　行

さ　行

た 行

な　行

は　行

ま　行

や　行

ら　行

〈著者紹介〉

松嶋　隆弘（まつしま・たかひろ）

日本大学教授・弁護士

昭和43（1968）年生まれ。専攻は、商法・会社法。前私法学会理事、前日本空法学会理事。公認会計士試験委員、地方公共団体の監査制度に関する研究会委員等を歴任。

主な編著書に『会社法トラブル解決Q＆A＋e』（加除式図書）（ぎょうせい、令和２年11月改版）、以下、単行本で『事業者のためのパンデミックへの法的対応〜コロナ禍で生き残る法律知識のすべて〜』（ぎょうせい、令和２年８月）、『実務が変わる！令和改正会社法のまるごと解説』（ぎょうせい、令和２年４月）、『改正資金決済法対応 仮想通貨はこう変わる！！暗号資産の法律・税務・会計』（ぎょうせい、令和元年８月）、他多数。

税理士も知っておきたい

実例から学ぶ　同族会社法務トラブル解決集

令和３年４月30日　第１刷発行
令和４年３月25日　第２刷発行

著　者　松嶋　隆弘

発　行　株式会社ぎょうせい

〒136-8575　東京都江東区新木場1-18-11
URL：https://gyosei.jp

フリーコール　0120-953-431
ぎょうせい　お問い合わせ　検索　https://gyosei.jp/inquiry/

〈検印省略〉

印刷　ぎょうせいデジタル㈱

※乱丁・落丁本はお取り替えいたします

ISBN978-4-324-10985-4
(5108707-00-000)
〔略号：同族会社法務トラブル〕